普天之下 盡是好書

普天出版家族
Popular Press Family

凌雲文創
A Plus Creative Company

改變看法，就可以改變事情的好壞

改變態度，壞事也可以變好事

心理學家威廉・詹姆斯曾經寫道：
「史上最偉大的發現就是：一件事情的好壞，可以藉由改變自己的應對態度來決定。」
這是因為，所謂的「好事」或「壞事」並不是由事情的本身來決定，
而是由我們用什麼角度看待來決定，只要懂得用不同的角度來看事情，我們就會恍然發現，
原來挫折也可以變轉折，我們避之唯恐不及的「壞事」，也可能變成我們求之不得的「好事」。

文蔚然—編著

• 出版序 •

換個角度，就能找到出路

如果眼前的盲線思路已經出現阻礙，那麼我們何不逆向搜尋？也許就在我們回頭的同時，便看見突破解決的出口。

作家萊辛曾經寫道：「我們之所以徬徨和無助，多半是因為我們遭遇困難的時候，不知道改變觀看事情的角度。」

每個人的生活都難免遭遇困境，然而，所謂的困境，很多時候並不是無法跨越的絕境，而是我們一味誇大問題的嚴重性，不願意試著從不同的角度思考，自然找不到出路。

眼前的困境，不論是鐵打鋼鑄的也好，還是用荊棘編成的也罷，只要你願意動動腦，就一定能解決煩惱。

給自己多一點思考空間，學會逆向的思考，我們才能及時打破僵局，為自己創造一次又一次的成功奇蹟！

微風在南美洲的草原上拂過，因為正值初秋，草原上看起來像似一片金黃色的海洋，十分美麗壯觀。在這片草原上，有一群旅客特地結伴來到這裡，準備好好地享受如斯美景，只見他們在草地上盡情歌唱嬉戲，好不熱鬧！

突然，一陣驚呼聲打破了此刻的愜意氣氛。

「不好了！」

歡樂的歌聲乍然停止，他們立即尋著這個驚恐的呼叫聲望去。

「失火了！」

就在他們的身後，有一團火正朝著他們直撲而來，在秋風的助長下，這團火也越燒越旺，這時所有人立即逃散開來。

只是沒想到，在這煙霧迷漫中，他們全失去了方向，望著即將侵襲到他們身

邊的火焰，有人忍不住哭嚎了起來：「完了！我們要被燒死了！」

就在絕望聲此起彼落中，忽然有個老獵人出現在他們的面前，安撫這群遊客們說：「你們別再跑了，現在你們聽我的命令，開始拔掉這一片乾草，並清出一塊沒有乾草的空間。」

著急的遊客們聽見老人家這麼說，也顧不及是否有效，立即拼了命地拔草，一下子便清出了一塊很大面積的空間。

「接下來，你們聽著我的指令移動腳步。」老獵人說。

這時，火焰朝空地的北端鼻近，老獵人立即叫他們到空地的南端，而他自己則跑到空地的北端，並將拔下來的草堆搬向北邊去。

熊熊大火似乎沒有熄滅的可能，因此，有人恐慌地問老獵人：「如果火燒了進來怎麼辦？」

老獵人笑著說：「別急，我有辦法！」

很快地，大火便靠近了老獵人，只見他將堆放在北邊的乾草點燃，接著，竟發生了一個神奇的景象，有人不禁大呼：「啊！乾草怎麼會逆著風，朝著大火的方向燒去呢？」

只見兩個不同方向的火勢，很快地便相遇了，令人感到不可思議的是，當兩方相遇時，竟出現互相排抵的情況，兩方的火勢竟然都慢慢地變小了，最後則熄滅了。

他們吃驚地問老獵人到底用了什麼魔法。

老獵人吐了口氣，笑著說：「這只是一個小小的原理，烈火上方的空氣遇熱後會變輕，接著便產生上升氣流，而周圍的冷空氣這時會被迫遞補上去，所以在大火的附近會有迎向火焰流動的氣流。於是，我便趁著大火接近北面時，將另一個草堆點燃，令這邊的火朝著風的反方向開始蔓延，最後因在兩方各自拉聚冷空氣的情況下，兩股火勢中間的空氣便已燒盡，再也沒有助燃的乾草和氧氣，火自然也慢慢地熄滅了。」

沉著的老獵人從大自然的原理中，發現「以火滅火」的解決方法，也帶出了生活思考的多元性——不是只有水和土才能消滅烈火，萬物身上皆有其必然存在的弱點，只要我們能夠適時找出可以攻破的漏洞，那麼熊熊烈火也能阻擋火苗燃燒。

習慣以正向思考的人，比較不會從逆向去探討，因而他們平常尋求解決的方法，也往往充滿了僵化的思考模式。就像故事中的情況，大多數人會堅持著「水能滅火」的常理，怎麼也想不到「用火滅火」的可能，而這也經常是我們習慣正向思考的盲點。

不論面對什麼樣的問題，我們都要多轉幾個角度去思考，如果眼前的直線思路已經出現阻礙，那麼何不逆向搜尋？也許就在我們回頭的同時，便看見突破解決的出口。

或許，有人會質疑：那豈不是要多走兩步路了。

那又何妨，只要能讓問題重現生機，再多走兩路也值得！

PART—1

適度的壓力，就是最好的激勵

想要開發自我的潛能，絕對不能只是讓自己相信「我是最棒的」，相反的，你要不斷地提醒自己：「我還不夠棒，我一定還能更棒！」

PART—2

轉換心境，就能轉換命運

此路不通，那就找尋另一種可能；別無去路，那就追求另一種成功。山不轉路轉，沒有人規定你非得要直著走！

PART—3

不要讓夢想變成空想

人擁有夢想是值得嘉許的，但是徒有夢想，沒有通往夢想的梯子，便會淪為好高騖遠，不切實際。

PART—4

充滿自信才能創新

突破傳統的窠臼需要自信和勇氣，更需要高明的創新手法。扭轉既有的事實需要冒險，新大陸往往就是這樣被發現的。

PART—5

找不到方向，就會暈頭轉向

很多時候，我們盲目地尋找解決之道，卻忘了最大的問題不是答案在哪裡，而是什麼才是真正的問題。

PART—6

埋怨越少，成功越早

叫嚷著不公平的人，一輩子也不會覺得公平，因為現實人生本來就不公平，再怎麼埋怨，也無法使世界變得更合理。

PART—7

用幽默化解自己的窘迫

當你發送了一顆微笑因子，傳達至每個人的心裡，你會發現，只要還能笑得出來，事情根本沒有那麼嚴重。

PART—8

誰說大象不會走鋼索？

只要有心，盡力就會創造奇蹟，就連大象也可以走鋼索。你又何必管別人怎麼說、怎麼想呢？

PART—9

享受巴掌帶來的好處

不要埋怨生命裡曾經承受的每一巴掌，因為蛻變是痛苦的，但是蛻變之後的你，才能變得更加耀眼奪目！

PART—10

充滿信心，就能保持平常心

只有抱持著平常心，無論對手是強是弱，是超乎水準還是一反常態，你都能充滿信心，表現出自己最好的狀態。

PART I

適度的壓力，就是最好的激勵

想要開發自我的潛能，
絕對不能只是讓自己相信「我是最棒的」，
相反的，你要不斷地提醒自己：
「我還不夠棒，我一定還能更棒！」

先認清方向再力求表現

力求表現的人很多，但是能夠顧全大局的人卻很少，真正的英雄，不是強出頭的人，而是默默支撐大局的人。

眞正出衆的人，不一定具備最良好的技能和才華，但是，卻一定具備相當的眼光與理想；在重要關頭，他不一定會跑第一個，卻永遠能充滿自信地選擇最正確的方向跑。

一家大公司高薪禮聘司機，這個司機將負責爲老闆開車，對老闆的身家安全關係重大，不論人品、技術和化險爲夷的本領都相當重要。因此，由老闆親自擔

任招聘的主考官。

徵才廣告刊登後，應聘者絡繹不絕，經過幾輪專業技術考試和性向測驗，終於篩選出四個最優秀的人才。這四個人駕車技術在伯仲之間，各項筆試的成績也難分軒輊。最後，老闆問每一位應聘者這樣一個問題：「如果有一天你開車開到懸崖邊時，你最多能開到多近才停止？」

第一個人當過汽車教練，自信滿滿地回答說：「我可以開到離懸崖三十公分的地方停止，甚至更近一些。」

這對他來說只是雕蟲小技，他拍著胸脯保證。

第二個人從前是個賽車手，開車的技術十分高超，語氣輕鬆地說：「我可以開到懸崖的最邊緣，保證既刺激又不會出任何問題。」

第三個人當過軍人，回答也很特別，畢恭畢敬地說：「您希望我開多近，我就開多近，我的職責就是隨時遵從老闆的安排。」

好一個聰明又狡猾的答案！

第四個人想了想，很誠實地說：「老闆！我從來沒有開車開到懸崖邊，所以不知道我可以開得多近，但是我想，我應該會把車停在離懸崖最遠的地方，因爲懸崖邊太危險了。」

第二天，招聘的結果出來了，第四個人被老闆高薪錄用。

改變態度，壞事也可以變好事

成功的人往往不是那些才華出衆的人，而是那些知道輕重緩急，知道先認清方向再力求表現的人。

司機肩負著保護老闆的責任，當開車開到懸崖邊時，不是炫耀自己技術的時候，而是以老闆安全爲重的時候。孰爲本孰爲末，相信聰明的你，一定能理解這個道理。

力求表現的人很多，但是能夠顧全大局的人卻很少，正因爲如此，造成了整個社會金字塔的傾斜。眞正的英雄，不是強出頭的人，而是默默待在幕後，用全身力量支撐大局的人。

為什麼幸運之神總是眷顧別人？

為何幸運之神總是眷顧別人，唯獨看不見你？就連聖誕老人都只敲鄰居的窗戶，從來不曾爬進你家的煙囪？

「運氣」是一件很虛渺的事情，如果只會把一切不幸歸咎於「時運不濟」，那麼你和那些守株待兔的人又有什麼兩樣？

老劉在一家貿易公司工作了二十年，打從一踏出校門，他就進了這家大型企業，並且決定從此在這裡落地生根。

老劉一直認為這就是他事業的終點了，公司的員工之間存在著家人般的和樂，上司與下屬之間也有著難得的互相關懷，老劉一直表現賣力、安分守己，而且以自己的工作爲榮。

然而，受到經濟不景氣波及，公司難逃一劫，被一家跨國集團收購，還來不及做好心理準備，老劉頓時便成了失業人口。

他拿著微薄的遣散費走出公司大門，看著頭頂上的藍天白雲，心裡一片灰暗，好一段時間之後，才眞正驚覺到自己已經沒有工作，也失去所有的生活重心了。

接下來的日子裡，老劉簡直度日如年，想起自己家裡還有妻兒老小，還必須養家餬口，肩膀上的擔子實在太重了，重得根本沒有時間坐在那裡嘆氣。他領悟到，自己必須馬上東山再起，否則只能坐以待斃。

儘管擁有數十年馳騁商場的經歷，但老劉深知外面的世界弱肉強食，而且正是年輕人當家的時代，想要找到好工作，就必須表現出自己不可取代的專業與經驗。

因此，他透過朋友的介紹，每天安排和很多人會面談話，把握自己二十年資歷所殘留的剩餘價值，用功地研究每一條就業訊息。

經過一段時間努力之後，有一天，老劉突然接到一個同行的電話，說他正準備前進大陸設立分公司，需要有人協助打理，老劉的資歷與能力都十分適合這項職務，希望雙方能有合作的機會。

得知這項消息以後，老劉幾乎不眠不休，花了很長的時間，也狠狠地下了一番苦功研究這家公司，之後與公司的總裁會面，同時會見了公司裡所有的大老。在這次會晤中，老劉知無不言、言無不盡，展現了他這些日子以來苦心研究的成果。

就在失業四個多月後，老劉搖身一變成了該公司上海分部的總經理，他的事業有了新起點、新挑戰，對人生也有了全新體認，以及全新的快樂。

改變態度，壞事也可以變好事

老劉的際遇，看在那些失業人的眼中，簡直是在傷口灑鹽。

「哼！什麼東山再起，也只不過是走狗屎運而已！」你可能會如此忿忿不平地說風涼話。

但是，你有沒有想過，爲什麼走運的人是他，而不是自己？爲何幸運之神總是眷顧別人，唯獨看不見你？就連聖誕老人都只敲鄰居的窗戶，從來不曾爬進你家的煙囪？

沒有一件事情是毫無緣由就憑空發生的，就連中彩券也要你肯先付出時間去排隊，因此，不要再像寓言故事裡那個心存僥倖的懶惰農夫，整天守在樹下等著兔子自己去撞樹幹，而任由農地荒廢了。

就算眞的被你等到了，那也只是一隻瞎了眼的兔子，眞正的寶藏，早就已經落入那些早有準備的人的口袋裡去了。

步步為營，才能避開陷阱

走在人生的道路上，我們應該以慎重的態度步步為營，小心避開各種可能的風險和陷阱。

心理學家威廉．詹姆斯曾經寫道：「史上最偉大的發現就是：一件事情的好壞，可以藉由改變自己的應對態度來決定。」

這是因爲，所謂的「好事」或「壞事」，並不是由事情的本身來決定，而是由我們用什麼態度看待來決定，只要懂得用不同的態度來面對事情，就會發現，挫折其實也可以變轉折。

喬．卡伯不幸生意失敗了，不但轉瞬間損失了所有的本錢，同時還負債高達五十萬美元。

眼看著自己從雲端跌到谷底，喬．卡伯簡直痛不欲生，試圖冷靜下來面對現實，最後他發現眼前只有兩條路可走，一條路就是宣告破產，早死早超生；另外一條路就是努力工作，想盡辦法還錢。

喬．卡伯不甘心就這麼宣告破產，向失敗投降。幾經思索之後，他召開債權人會議，對債主們坦誠相告：「我已經身無分文了，就算我宣告破產，欠你們的錢我還是一點兒也還不出來，但是如果你們相信我，再給我一次奮鬥的機會，我用人格保證，會在八年之內還清所有的債務。」

他花了九十分鐘的時間和口水，不斷地請求、拜託，終於用信心和熱情打動所有的債主，使他們願意暫且放他一馬，看看他如何東山再起，實現他的承諾。

好不容易有了重新出發的機會，喬．卡伯靈機一動，想到這個世界上負債的並非只有他一個人，還有許多人都跟他一樣爲債務所困。於是，他著手把自己處理債務的經驗記錄下來，寫成一本教導別人如何在九十分鐘內不用借錢就可以解

決債務的書。

這本書一推出，立刻在市場上造成轟動，欠債的、沒有欠債的，或是被人欠債不還的，統統對這本書產生了莫大的興趣，一下就賣了十萬本，而喬．卡伯也在兩年內就輕輕鬆鬆地還清了所有債務。

不過，他並沒有因此而鬆懈，他再接再厲，又寫了一本《懶人的發財秘訣》，並且成功地賺取了　百萬美元。

改變態度，壞事也可以變好事

現實生活中有許多這樣的例子，譬如有些名人就曾遭遇破產經驗，但他們一個個鹹魚翻生，重新享受風平浪靜的人生。

不過，你可別天眞地以爲破產的人都可以像他們一樣，只要努力就一定會有東山再起的契機。

他們之所以能夠如此，是因爲他們即使經濟破產，人際關係卻沒有破產，社

會地位也依舊存在，所以能爲自己鋪設一條捲土重來的道路，重新出發。

要是換做一般的市井小民，能有這樣的機會嗎？

種種摧殘人生的不幸事件，不斷在我們周遭發生，要是不幸碰到了，往往使人心灰意冷，甚至一蹶不振。

因此，走在人生的道路上，我們應該以愼重的態度步步爲營，小心避開各種可能的風險和陷阱。

畢竟，能夠起死回生的大都是九命怪貓，而我們只有小命一條，怎麼能輕易去冒破產的風險呢？

想辦法做自己的救兵

遭遇危險時，不要存有依賴心理，想等待別人救援，而要立即想辦法拯救自己。

勞埃爾·皮科克曾說：「如果一個人經常進行積極思維，具有積極心態，喜歡接受挑戰並應付各種麻煩事，成功便已經開始。」

確實，事情的難易度，往往隨著我們面對的態度而改變。態度正是改變不如意際遇的關鍵因素，遇到層出不窮的各種障礙，如果不願意試著改變態度，自然找不到出路。

遭遇危險時，搬救兵是最沒有辦法的辦法，因爲等待別人救援總會錯失良機，如果你可以拿出旺盛鬥志和強烈信心，試著自救，那麼你就可以成爲自己最好的救兵！

美國中部地區曾經發生過這麼一個神奇的眞實故事。有個男孩放學回家時，母親還在田裡辛苦地工作，他爲了得到母親的讚賞，決定自動自發，清理一下院子裡已經荒廢多年的枯井。

他發現這座枯井深不見底，手電筒微弱的光線幾乎不能穿透井裡的黑暗，便設法爬上井邊，想往下一探究竟。沒想到井邊的青苔又濕又滑，一不小心，他整個人就這麼跌落到井底了。

幸好井底也鋪著一層厚厚的柔軟青苔，男孩雖然毫髮無傷，卻發現自己已經身處在地底的四面牆壁當中。好幾次，他試圖向上爬，卻都徒勞無功，爬著爬著，最後竟然沈沈睡著了。

第二天早上，他在飢餓當中醒來，飢腸轆轆、全身無力的他努力地大喊：「我在這裡，快來救我！」

但是，聲音只是在厚重的井壁間迴盪，根本沒有辦法傳出去。

到了下午，男孩又大聲喊叫了好幾個小時，外面仍然沒有任何回音，這時，才絕望地發現，根本不會有人來救他，只能依靠自己。

第三天，男孩在井底摸到了一把生銹的老虎鉗，雖然作用不大，但是聊勝於無，他決定用鉗子把井磚撬出一個小縫，作爲踏腳的基石，然後就這麼一點一點地往上爬。

花了兩天的時間，男孩的工程進行到一定的高度了，這時他已經兩天兩夜沒有闔眼，全憑毅力拖著自己疲憊、飢餓的身軀向上爬。

由於長時間浸在潮濕的地底，男孩的腳凍得沒有知覺了，越是往上爬，越覺得費力，然而，他不斷地告訴自己：「你只能往上，否則就是死路一條，只能往上，只能往上……」

到了第六天，幾乎撐不下去的時候，男孩終於爬出了井口，用智慧與永不放棄的精神換回了自己的性命。

改變態度，壞事也可以變好事

這個故事告訴我們，每個人都可能會有孤立無援的時候，除了自己，沒有人可以救你。

如果這個男孩一開始就驚覺到唯一能依靠的就只有自己，便不會在那裡多浪費兩天，而會馬上自己動腦想辦法，把握最有精力的黃金時刻。

不是每一個人都像男孩那麼幸運，有那麼多時間與精神可以和環境搏鬥，往往動作只慢那麼一點點，就馬上遭到淘汰的命運了，命運之神總是喜歡在我們身上開一些殘酷的玩笑。

因此，遭遇危險時，不要存有依賴心理，一心想等待別人救援，而要立即想辦法拯救自己，如此才不會任由自己的精神、體力一點一滴流失，導致最後回天乏術。

勇敢走出人生的象牙塔

最怕的是，才剛踏進這個大染缸，就臨陣退縮，躲回自己的象牙塔內，外在的軀殼長大了，心智卻仍然在原地踏步。

每個早熟的孩子都有可能是明日的新星，正因爲刻苦的環境給了他們最多的歷練，他們也因此獲得了比其他人更多的成長，更能體認到自己內在的力量。

日本傳奇女子阿信的兒子和田一夫就是最好的例子。

身爲日本最大的零售業八佰伴國際集團的創始人，和田一夫可說是白手起家，一切從零開始。

腳踏實地是他的工作態度，刻苦耐勞是他的人生哲學，他花費多年的時間，把母親阿信經營的一家只賣水果、蔬菜的小雜貨店日益擴張，發展成日本第一、亞洲第二大的跨國集團。

早在他幼年的時候，就已經有人預言，他日後一定會成功。儘管他沒有顯赫的家世、沒有傲人的學歷，但是卻具備了一身處變不驚、勇於承擔責任的人格特質。

和田一夫還是個小學生時，有一天傍晚，天氣驟變，氣象預報說將會有強烈颱風登陸，可能帶來十級颶風，呼籲民眾嚴加防範。

當時，和田一夫的父母都還在在外地採購疏果，若是等到他們回來，可能已經來不及做任何防颱準備了。

因此，和田一夫當機立斷，決定要在暴風雨來臨之前關上家裡所有的門窗，以免遭到嚴重損傷。

只是，風勢實在太大，門窗怎麼用力也關不上，於是，和田一夫便把兩個弟弟全都叫來，在他的指揮之下，三個人同心協力，終於把門窗一扇一扇地全部關好。

入夜之後，風雨越來越大，不時夾雜著明滅的閃電和轟隆的雷聲。

和田一夫爲了不讓弟弟們害怕，便領著他們圍坐在餐桌旁，輕聲細語地講故事給他們聽，等到兩個弟弟沉沉入睡之後，他才一個人靜靜地在房間裡做功課。

當父母回來時，看到的正是這幅寧靜安詳的景象，和屋外的狂風暴雨相較，和田一夫正保持著一顆風平浪靜的心。

改變態度，壞事也可以變好事

思想家拉羅福克說過：「不論遭遇多麼多麼令人畏懼的事，智者總會勇敢面對，從中獲得寶貴的經驗。」

這些寶貴的經驗，往往會成爲向上飛躍的礎石。

當然，不是每個人小時候都經歷過困劣的環境，也不是每個人都能從小就接受各種無形的訓練。

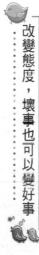

一般人更仰賴的，是成年以後的「後天養成」，讓你歷經風浪而變得臨危不亂，經過一次次失敗而逐漸有勇有謀，社會就是最好的搖籃，可以讓人快速地成長。

最怕的是，才剛踏進這個大染缸，就臨陣退縮，從此躲回自己的象牙塔內，外在的軀殼長大了，心智卻仍然在原地踏步，這樣的人除了依靠別人，還能有什麼作為呢？

適度的壓力，就是最好的激勵

想要開發自我的潛能，絕對不能只讓自己相信「我是最棒的」，更要不斷地提醒自己：「我還不夠棒，我一定還能更棒！」

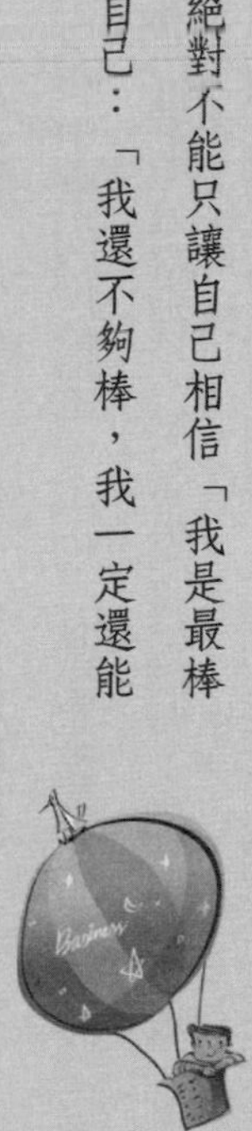

壓力往往比吹捧更容易使人成長，如果你想要比現在更好，那麼，在肯定自己之餘就再多給自己一些壓力吧！

記住，適度的壓力，就是最好的激勵。

美國有位心理學專家曾經做過一項有趣的實驗。

他選定一所中學，請中學校長隨意把三位老師叫進辦公室，然後對他們說：

「根據你們三位的年資以及過去幾年來的教學表現，你們是本校屬一屬二的優良教師。爲了增加本校的升學率，我特別把全校最聰明的學生集中在一起，分爲三班，由你們一人負責一班，好的老師配上好的學生，希望你們今年能夠有更出色的表現。」

三位老師聽了無不喜上眉梢，自己的教學方式獲得肯定，就像演員獲得奧斯卡金像獎一樣意義非凡，更是一種無上的光榮。

接著，校長鄭重地叮嚀他們：「爲了避免不必要的糾紛，你們就像平常一樣教他們就可以了，不要讓他們覺得自己受到什麼特殊待遇，以免引來其他家長的抱怨。」

一個學期過去了，這三個班級的學生成績打破了以往的紀錄，不但在校內排名中名列前茅，也是附近地區所有中學的佼佼者，平均分數整整高出了十分之多。

這時，校長又把三位老師叫進辦公室裡，笑著告訴他們：「其實，這三班學生只是隨機抽樣出來的，跟普通學生根本沒有兩樣，你們能把他們教得這麼好，就等於能把所有的學生教好。這只是信心問題而已，只要老師有信心，學生自然

能有更大的進步，你們同意嗎？」

三位老師點了點頭，頓時對自己的教學能力充滿了信心。

校長接著說：「另外，再告訴你們一件事，你們三個也是在教師中隨機挑選出來的，之前的表現怎麼樣我不知道，但是現在事實證明了，你們果真是最優秀的。」

改變態度，壞事也可以變好事

美國名牧師弗列特．羅伯林說：「信念可以使人變強，懷疑會麻痺人的活力，所以，一個人對自己的信念就是超強的力量。」

如果你堅信自己是最優秀的，你的能力就會相對地增強，充滿信心迎向眼前的挑戰，一一克服眼前的困難。

理論上來說，如果每個人都可以這樣自我催眠，告訴自己「我是最棒的」，那麼世界上的人一定個個都很棒！

不過，事實上，要時時給自己這樣的激勵，在現實生活之中，卻不是那麼容易辦到！

我們一直相信自己很棒、很優秀，偏偏卻遇到了更多強勁的對手或更多棘手的挫折，證明事實並不如自己所想像，即使我們曾經鶴立雞群，到頭來也不得不氣餒地承認自己只是個凡夫俗子。

因此，想要開發自我的潛能，絕對不能只讓自己相信「我是最棒的」，更要透過適度的壓力來激勵自己，要不斷地提醒自己：「我還不夠棒，我一定還能更棒！」

要掌握商機，先掌握人性

要掌握商機，必須先掌握人性，只要你讓消費者覺得「物超所值」，再貴的東西一樣有人搶著買。

想要成功，你不只要當個充滿韌性、耐力的馬拉松選手，有時更要是個具備速度的短跑健將，除了跑得遠，還要跑得快，因爲，「速度」永遠是成功的致勝關鍵。

一隻手指頭大小的小蝦子竟然可以賣到一萬元日幣，你相信嗎？別懷疑，天底下就有這樣的好事。

一位日本商人到菲律賓旅遊時，發現了一種寄生在石縫裡的小蝦子，兩隻蝦子出雙入對、形影不離，十分有趣。

他好奇地詢問路邊賣蝦子的小販，才知道這種蝦子是南方海邊的特產，牠們自小便成雙成對，在石堆中相依爲命。然而，這種蝦子肉質既不鮮美，也沒有太大的觀賞價值，而且在菲律賓海邊四處都可以看得到，所以，就算當地的小販們絞盡腦汁，刻意加以包裝，願意掏腰包的遊客仍然不多，小販們的生意十分清淡。

這位日本商人對這一對對天性忠貞的蝦子十分著迷，牠們相依相伴、永不分離，不正好代表了人世間歷久彌堅的愛情？

日本有一個傳統，新人結婚時，邀請來的賓客都必須致贈一樣禮物，這一對對小蝦子的模樣精巧可愛，只要想個名目加以裝飾、包裝，不就是一份別出心裁的結婚賀禮嗎？

他認爲，小蝦子一定可以在日本當地造成一股風潮。

回國之後，日本商人馬上開始動手籌措銷售計劃，並且從菲律賓引進這種成雙成對的蝦子。

他用假山佈置成一個巢穴，取名爲「偕同老穴」，並附上一張製作精美的卡片，上頭寫著小蝦子從一而終、白頭偕老的特性，是愛情專一、婚姻幸福美滿的最佳見證。

果然，這項精心包裝的商品一推出，立刻在東京地區造成一波又一波的搶購風潮。這種新奇的小蝦子成功地吸引了人們的注意力，身價一翻再翻，最後竟然成了結婚典禮不可或缺的賀禮，不僅贏得了新人的微笑，商人也賺得了滿滿的荷包。

改變態度，壞事也可以變好事

有位國際馳名的投資專家曾經說：「從事任何事業，除了必須具備八十％的商業知識之外，尚須具備二十％的獨特創意。」

生意成功與否，很多時候取決於你是否具備獨特的創意，一個在眾人眼中不怎麼起眼的小東西，往往因爲靈光乍現、神來一筆，發揮了「畫龍點睛」的效果，成爲日進斗金的致富商機。

有時候，「會賺錢的商人」和「奸商」相距並不太遠，因爲如果不夠奸詐，哪裡能找到那麼誘人的賣點，賺得了這麼多的暴利？

「奸詐」的最高境界，是大智若愚、大奸若實，讓別人掏出了大把鈔票，還對你讚不絕口，稱讚你「非常實在」。

要掌握商機，必須先掌握人性，只要你讓消費者覺得「物超所值」，再貴的東西一樣有人搶著買。

這年頭販賣的不單單只是商品，還有生產者的創意；創意無價，誰叫我就是比你先想到？

懂得羨慕也是一種美德

懂得羨慕別人是一種美德，因為有比較才會更進取，壓抑自己的羨慕，最後只會演變成嫉妒。

如果你沒有一點特別的長處，人家根本不屑去浪費口水批評你、嘲諷你，因此，情願做個有資格讓人冷嘲熱諷的人，也好過終其一生，只能在台下奚落別人！

哥倫布是十五世紀著名的航海家，經歷了千辛萬苦，皇天不負苦心人，終於發現了美洲新大陸。

對於這個劃時代的偉大發現，人們給予哥倫布很高的評價及榮譽，但是，「人

怕出名豬怕肥」，同樣的，也有其他的人士對此表示不以爲然，並且時常當衆批評他。

這些人的言談像是一根根藏在棉花裡的針，經常「不經意」地流露出諷刺，隨時都有可能把他刺傷。

有一次，哥倫布邀請朋友來家裡作客，茶餘飯後，大家不禁又提起了哥倫布航海的經歷，然而，當中有些人語帶嘲諷、笑裡藏刀，似乎對這樣的奚落樂此不疲。

不過，哥倫布聽了這些酸溜溜的話，卻一點兒也不生氣，完全不試圖替自己辯護，只是起身從廚房裡拿出一顆雞蛋，然後對著大家說：「你們有誰能把這個雞蛋豎起來呢？」

大夥兒輪番上陣，想盡各種方法，結果卻一一失敗。雞蛋表面是圓滑的，怎麼可能豎得起來呢？

「看我的吧！」哥倫布說著，然後輕輕地把雞蛋的其中一頭敲破，雞蛋自然就豎起來了。

「你把雞蛋敲破了，當然能豎起來呀！」有人不服氣地抗議。

「是呀！現在你們看到我用這個方法把雞蛋豎起來，才知道其實方法很簡單，根本沒有什麼了不起，但是爲什麼在我之前，你們卻沒有一個人想得到這個辦法呢？」

改變態度，壞事也可以變好事

歌德曾經寫道：「誰若遊戲人生，他就一事無成，誰若不做自己的主宰，就永遠只能做一個輸家。」

人生並非遊戲，必須盡心盡力，見到別人有所成就，應該以此激勵自己，不該滿腔酸葡萄心理。

樹大招風，譽之所在謗亦隨之，人總是見不得別人比自己好，這就是人類與生俱來的天性。

只不過，人往往口是心非，明明眼睛紅得像隻兔子，表面上卻還口口聲聲地說「恭喜恭喜」。

假裝的大方不叫「風度」，而是「虛僞」，那種會在背後捅你一刀的，往往就是這種奸詐小人。

其實，懂得羨慕別人是一種美德，因爲有比較才會更進取，壓抑自己的羨慕，最後只會演變成嫉妒，讓你狗嘴裡吐不出象牙，還會變成一顆酸溜溜的檸檬。

因此，羨慕別人的時候，就大大方方表達出來，相對的，面對別人的嫉妒，就把他們的冷嘲熱諷當作是一種恭維吧！

意志，是最神奇的力量

現實生活中，類似的奇蹟也經常發生。只要你願意盡心努力，就一定能憑著自己的意志創造奇蹟。

莎士比亞曾說：「事情本無好壞，一切全看你的想法。」

世事萬物都是客觀存在的，已經發生的事情或許無法改變，但是你可以運用正面的能量，改變事情發展的方向。

「意志」是無形的，只有在人們遇到苦難、病痛時，它才會突然出現。不要因爲看不見它而忽略了它的存在，只要你願意相信，你就能在需要的時候，感覺到它神奇的力量。

一天早上，從事進出口貿易的鮑伯出門時，遇到了三名持槍的歹徒，他們把他帶到荒郊野外，不僅搶奪了他身上所有的財物，還在慌亂之中開槍射中他的腹部。

鮑伯當場血流如柱，歹徒們一看情勢不對，紛紛落荒而逃，獨留他一個人在草叢裡掙扎。

幸運的是，鮑伯十分鐘後就被好心的路人發現，及時將他送進急診室。雖然當時他已經奄奄一息，所幸經過長達十八個小時的手術，他終於得以保住性命。

事後，他回憶這段經歷時說道，當他受了傷躺在草叢中的時候，不斷告訴自己絕對不可以死，他拼命按住傷口，努力想著過去那些開心的事情，不讓自己有機會睡著。

醫護人員把他推進手術室時，他從他們的臉上看到了絕望，他知道他們並沒有信心把他救活，因爲他們看著他的表情像看著一具屍體一樣，他想，自己一定得設法做點什麼才行。

這個時候，有個護士問他有沒有對什麼東西過敏，他點了點頭，所有的人也都停下來等待他的答案。

他深深地吸了一口氣，然後用盡全身的力氣大喊：「子彈！」

全部人都笑了出來。隨後，鮑伯告訴他們他還想要活下去，請把他當成一個活人來救。

鮑伯被推進手術室前，醫生曾經告訴家屬手術成功的機會只有百分之十，結果證明了，只要你選擇這百分之十，再加上充足的信心，它就可以變成百分之百的成功。

改變態度，壞事也可以變好事

生命中的每個難關都會提昇我們的精神意志，增加本身的能力。無論遭遇多麼險峻的厄運，只要願意盡心盡力，就能替自己創造意想不到的奇蹟。

電影裡常常會有這種情節，披著白袍的醫生告訴昏迷病人的家屬說：「我們已經盡力了，接下來就要靠病人自己的意志了。」

然後，千篇一律的，病人總是奇蹟似地從昏迷中甦醒過來，一家人喜極而泣，氣氛和樂融融。

不要以爲這只是電影爲了賺人熱淚刻意營造的情節，現實生活中，類似的奇蹟也經常發生。

我們之所以會認爲它老套，是因爲我們看到了所有的過程，卻見不到那個神秘的「意志」，那分無論在多麼無助的情況下，都仍然存在體內主宰我們的神奇力量。

只要你願意盡心努力，就一定能憑著自己的意志創造奇蹟。

PART 2

轉換心境，
就能轉換命運

此路不通，那就找尋另一種可能；
別無去路，那就追求另一種成功。
山不轉路轉，沒有人規定你非得要直著走！

轉換心境，就能轉換命運

此路不通，那就找尋另一種可能；別無去路，那就追求另一種成功。山不轉路轉，沒有人規定你非得要直著走！

危機就是轉機，生命其實還有另外一種可能。

只要視野夠廣闊，心胸夠寬敞，成功不是只有一點，而是一整個平面；你在哪裡付出過心血，成功就會降臨在那裡。

有一位種蘋果的人，所種的高原蘋果色澤紅潤，吃起來又脆又甜，深得消費者喜愛，經常供不應求。

只是有一年，一場突如其來的冰雹在即將採擷的蘋果上砸出許多傷口，眼看著這些鮮紅蘋果傷痕累累，如何吸引顧客呢？

這無疑是一場毀滅性的浩劫，蘋果賣不出去還算小事，但是誤了自己的信譽、砸爛了自家的招牌可是一件大事。

不僅如此，如果不能按期交貨給商家，還要依照合約上的條款進行賠償，該怎麼辦呢？

然而，這個天性樂觀的果農卻沒有輕易放棄，他在蘋果的宣傳單加上了這麼一段話：「親愛的顧客！您們注意到了嗎？在我們這些高原蘋果的臉上有一道道的疤痕，這正是我們來自高原的證明。因爲高原常下冰雹，所以我們的臉上才會出現這些美麗的傷痕。味美香甜是我們獨特的風味，請記住我們的正字商標——傷疤。」

這則讓蘋果自我介紹的廣告異常成功，產品的銷售不但絲毫不受影響，反而吸引更多消費者爭先恐後，一睹正宗高原蘋果的風采。

改變態度，壞事也可以變好事

成功經常是拜災難所賜，只要肯想辦法，世界上沒有解決不了的難題。如果事情太過棘手，左思右想也仍然找不出別的辦法，不如轉換自己的心境，爭取另一種成功。

曾聽過一個故事，主角是一個剛進寺廟修行的小和尚，方丈給他的第一道難題，是叫他用破舊的水桶挑水，並鄭重聲明不能私自換成新的水桶。這些舊水桶的底部都隱隱有些細縫，每次裝了滿滿一桶水，挑回寺裡時都只剩下不到半桶了。

爲此，小和尚非常苦惱，但是仍然按照方丈的吩咐，每天默默地挑水，過了半年，他也就習慣了這項辛苦的工作。一天，他終於忍不住問方丈：「爲什麼挑水偏要用漏水的水桶來挑？」

這時，方丈指著小徑兩旁茂密繁盛的花草對他說：「桶子裡的水雖然漏掉了，但是並沒有浪費，它灌溉了這麼鮮艷美麗的花草，而且還鍛鍊了一個修行者的忍性、耐性、定性。難道這不值得嗎？」

人生的目標其實不只一個，即使你先前已經訂下目標，最後卻走到不盡相同的終點，這又何嘗不是另一種成功？

人生總是峰迴路轉，沒有走到盡頭，誰也不知道結果，你又何必給自己畫上那麼多的框架呢？

此路不通，那就找尋另一種可能；別無去路，那就追求另一種成功。山不轉路轉，沒有人規定你非得要直的走！

輕敵，往往暗藏著危機

當你認為十拿九穩時，往往就暗藏危機，這就是「輕敵」所必須付出的代價！

當對方向你示弱時，可別一味以爲他是眞的弱，因爲有更大的可能，他是在「扮豬吃老虎」！

一位樣貌老實的商人到銀行提取大筆現金回到車上，正要發動引擎離開時，從後照鏡中看到一個陌生女人從後座爬起來。

商人嚇了一大跳，難不成自己見鬼了？但是現在日正當中，怎麼有可能呢？

他甩一甩頭，拋開這個可笑的想法。

只見這個女人把頭伸到商人耳邊，語氣裡帶著點緊張，小聲地對他說：「馬上把你的錢全部交給我，否則我就立刻打開車門滾出去，告訴大家你綁架我、強暴我！」

仔細一瞧，女人的雙手被繩子綑綁著，頭髮凌亂不堪，而且上衣領口敞開，鈕扣似乎被扯掉了。老實的商人從來沒想過這種事會發生在自己身上，一時楞在那兒。

商人本想立刻奪門而出，跑出去對路人說明眞相，可是看那女人緊握車門把手的姿勢，就算自己是閃電俠恐怕也沒有她快，到時可眞的跳到黃河也洗不清了。如果換做是你，你會怎麼做呢？

好在這個商人總算還見過一些世面，經歷過一些商場上的風浪；他強自鎮靜思考了一下子，便轉過身去對女人咿咿啊啊地比手畫腳一番。

女人見狀，很不高興地嘆了口氣說：「眞是倒了八輩子楣，這麼多人不挑，偏偏挑了這個啞巴！」

商人拿起前座椅子上放著的一分報紙，並從口袋中掏出一枝筆交給女人，又比畫一番，示意女人把她要說的話寫下來。

女人鬆開自己手中並沒有眞正綁死的繩結，接過紙筆，緊張地瞄了瞄窗外，又狠狠地瞪了商人一眼，在報紙上匆匆地寫下「拿出錢來，否則我滾出車門，大叫你綁架強暴我」這幾個潦草的字。

商人接過報紙後，隨即趁著女人手上還拿著筆的好時機，打開車門衝出車去，同時按下遙控器鎖住所有的車門。

幾分鐘後，手中握著那份報紙的商人，領了幾位警察回到現場。

改變態度，壞事也可以變好事

乍看這則故事，你會爲這個商人拍手叫好，覺得他反應靈敏、機智聰明，簡直是百年難得一見的「犯罪剋星」。但是，仔細想想，除了這個商人聰明，這個女人也稍嫌愚蠢，錯失許多可以自保的機會。

例如，當她發現商人是個「聾啞人士」時，她可以馬上收手，等待下一次機會；當商人表示聽不懂她的話時，她應該根據商人的衣著打扮，推想到即使商人又聾又啞，他也應該懂得唇語，否則如何獨自開車穿梭大街小巷？

當商人奪門而逃，把她反鎖在車內時，她有好幾分鐘的時間，可以打電話求救或者乾脆擊破車窗逃逸。

受害人沒有上當，反倒是壞人被反咬一口。這則故事說明了，現實社會往往是這樣子，當你認爲十拿九穩時，往往就暗藏危機，這就是「輕敵」所必須付出的代價！

你還可以更聰明

聰明不是與生俱來，而是靠平時日積月累訓練而來的。只要多觀察、多思考，你也可以變得很聰明！

聰明有很多種形式，其中最不聰明的一種，就是光有小聰明，而沒有融會貫通的大智慧。這種聰明，是自以爲是的聰明，你其實還可以放聰明一點！

阿凡提是維吾爾族家喻戶曉絕頂聰明的人物。

有一次，國王想挫一挫他的銳氣，便絞盡腦汁想了一個難題來考他。國王不懷好心地問他：「你知道我面前池塘裡的水，能裝滿多少個水桶嗎？」

阿凡提笑著說：「這很簡單，如果水桶是池塘的一半大，那就可以裝滿兩桶；如果水桶跟池塘一樣大，那就只能裝滿一桶；如果水桶是池塘的十分之一大，那就可以裝十桶。」

國王聽了只好點點頭，他本來想看看阿凡提啞口無言的窘相，沒想到卻忘了在題目中點明是多大的水桶。既然水桶的容量不明，阿凡提也就能顧左右而言他，只要說得有道理，國王又能拿他怎樣呢？

這就是阿凡提式的聰明，他不侷限於固定的觀念當中，而善於利用其他的條件幫助思索。

改變態度，壞事也可以變好事

一位奧地利的醫生名叫奧斯布魯格，他的父親是個賣酒的商人。爲了辨別高大的木桶中還有多少酒，父親經常用手輕敲桶子的外側，用聲音來判定，是滿滿的一桶，還是所剩無幾。

父親的這個做法對奧斯布魯格產生不少啓發。

他想，這個原理不一定只能用在酒桶上面，人體胸腔、腹腔的構造不也像個木桶嗎？既然父親光靠旁敲側擊就能知道桶子裡的酒有多少，那麼，如果醫生敲敲病人的胸腔腹腔，並且仔細聆聽它們所發出的聲響，不也就可以藉此來判斷病人的病情嗎？

靠著多年的苦心鑽研，認眞歸納，奧斯布魯格發明了著名的診病方法——叩診，這是醫療史上的一大進步。

懂得觀此知彼，舉一反三，這才是眞正的聰明；天才大多都是從這裡出發，而發展出大智慧的。

許多人的聰明不是與生俱來，而是靠平時日積月累訓練而來的。

所謂的「聰明」，就是耳聰目明，只要願意多觀察、多思考，你也可以變得很聰明！

用敵人的壓力來鞭策自己

與其讓別人毫不留情地來打敗你，不如先替自己製造敵人，作為鞭策自己、激勵自己的方式。

一個人最大的敵人，往往就是自己，只有勇於自我摧毀，才有可能突破環境的桎梏，獲得新生。

此外，倘使懂得善用敵人的競爭力量來鞭策自己前進，你也可以有更事半功倍的人生。

第一次波灣戰爭之後，美國發明了一種被稱之爲M—A2型的坦克。

這種坦克的防護裝甲，在當時堪稱是全世界最堅固的，它可承受時速超過四千五百公里、單位破壞力超過一萬三千五百公斤的外力打擊，並且毫髮無傷。

這種品質優異的防護裝甲究竟是如何研製成功的呢？

道理很簡單，所謂以子之矛，攻子之盾。有同等力量的一方在旁邊助跑，另一方一定能跑得更快。

喬治·巴頓是美國陸軍最優秀的坦克防護裝甲專家之一，他在接受研製M—A2型坦克裝甲的任務之後，立即請來一位「死對頭」做搭檔，這個死對頭是著名的破壞專家，邁克·舒馬茨工程師。

他們兩人各自率領一個研究小組展開工作；喬治·巴頓率領的是研發小組，負責防護裝甲的研製，而邁克·舒馬茨率領的則是破壞小組，專門負責摧毀研發小組所研製出來的防護裝甲。

剛開始，舒馬茨不費吹灰之力，就可以輕而易舉地把剛研製完成的坦克炸得體無完膚、四分五裂。但隨著時間一天一天的過去，研發小組不斷更新材料，修改設計方案，從失敗中汲取經驗，從挫折裡發掘靈感，終於有一天，破壞小組使

出渾身解數，這種新式裝甲也依然穩如泰山，沒有一絲一毫的損傷。

這種當時世界上無與倫比、最堅固的坦克，就在這種近乎瘋狂、矛盾不斷競賽的試驗中誕生了。

它的兩名「父親」，喬治．巴頓與邁克．舒馬茨也因此同時榮膺象徵最高榮譽的紫心勳章。

「破壞」和「反破壞」看似兩種對立的關係，但是如果運用得當，它們也可以連成一氣，產生更大的力量。

改變態度，壞事也可以變好事

愛迪生曾經這麼說：「失敗也是我所需求的，它和成功對我一樣有價值，只有在我知道一切做不好的方法以後，我才知道做好的方法究竟是什麼。」

一遇到困難就急著逃避的人，會把困境當成沉重的包袱，但是勇於突破的人，則會把從各種角度尋求出路。

不論遇上什麼難題，放棄努力之前，都要激勵自己從不同的角度再試一次，只要嘗試從各個面向設想，你的思考能力與解決能力就會相對增強。當生活或工作陷入困境，不妨多動腦多變通，爲自己找到最好的出路。

有壓力才會有成長，有敵人才會有進步。

因此，不用害怕眼前的敵人，也不要害怕可能的失敗，沒有這次的失敗，哪來下次的成功？

與其讓別人毫不留情地來打敗你，不如先替自己製造敵人，作爲鞭策自己、激勵自己的方式。

只有利用最尖銳的長矛，去刺穿最堅固的盾牌，才會不斷刺激出更新更好的矛與盾，你說是嗎？

假象最容易讓人上當

大多數人所以會受騙上當，正是因為他們從來沒想過自己會有被騙的可能。

卡繆曾說：「只要是人，很少會向跟自己有利害關係的人自曝弱點，除非他另有所圖。」

因此，當你看到對方的弱點時，不要急著慶祝；你之所以能得知他的弱點，也許正是因爲他故意「不小心」被你發現。

第二次世界大戰時，哈倫上校率領一艘美國潛艇，想要登上一艘瑞士籍商船執行查驗工作。

豈料，兩艘大船在海中央會合，距離沒幾公尺時，瑞士商船立即換上德軍旗幟，對著美國潛艇開砲。

明槍易躲，暗箭難防，德軍喬裝的這一招眞是又狠又辣。幸好哈倫上校作戰經驗豐富，立即下令潛入水底，在千軍一髮之際躲過德軍的砲擊。

德軍知道自己處於上風，趁勝追擊，開始向水中投下深水炸彈。美國潛艇四面危機，處於十分緊急的狀況，稍有不慎，隨時會有化成炮灰的危險。哈倫上校處變不驚，冷靜地思考一會兒，立刻下令全鑑關掉引擎，放掉一百加崙的汽油，並且把一些不必要的物資往水裡丟，讓它們浮上海面。

德軍從瞭望台由上往下看，看到水面上漂浮著大量汽油和各類軍資物品，隨即欣喜若狂，沉浸在勝利的喜悅中，爲自己擊沉一艘美國潛艇而高興不已。

就在德軍掉頭準備返航時，美國潛艇趁其不備，悄悄地從水中發射魚雷，德國艦艇全軍覆沒。

美國作家摩里斯曾經寫道：「要把一件事情做成功，首先，你就得對這件事情要有一幅清晰而且正確的心裡圖像。」

這是因爲，如果欠缺清晰而且正確的圖像，你就容易昧於表象。

表相並不等於眞相，即使是你親眼所見、親耳所聞，在沒有充分進一步證實之前，千萬別輕率地爲它下註腳。大多數人所以會受騙上當，正是因爲從來沒想過自己會有被騙的可能。

正面衝突的是敵人，背後偷襲的也是敵人。「會叫的狗不會咬人」，因此，當這隻狗停止吠叫時，可別把牠當成死狗；牠有極大的可能正在伺機而動，隨時會把你咬得頭破血流！

信心能讓一切不可能變成可能

即使人生困難重重，只要我們相信自己，那麼無論別人認為事情有多艱難，我們最終都一定能輕鬆渡過。

作家塞拉曾說：「通常很多原本你認為不可能的事，往往都在你決定挑戰它的那一瞬間變成可能。」

的確，只要你決定接受這個「不可能」的挑戰，就算是百仞高山也可以鏟平。只要你決定接受這個「不可能」的挑戰，再怎麼難過的人生關卡，也可以安然度過。只要你願意相信自己一定做得到，那麼「不可能」這三個字就永遠不會出現在你的「人生字典」。

我們永遠都不知道自己的潛能有多強，但我們仍究要給自己一份信心，因爲唯一能開啓這道生命潛能的人，始終只有我們自己！

只要我們能肯定自己，相信自己，那麼無論成功之門有多沉重，我們也能用一己之力輕鬆開啓。

有一天，釋迦牟尼佛要到恆河的南岸說法，有位虔誠的信徒一聽聞佛陀即將弘法，便不遠千里地來到恆河的北岸，準備到南岸去聆聽大師的教誨。

但是，當他到達恆河的北岸時，卻發現那裡沒有渡船，若是繞到另一條路徑，又恐怕走到對岸時，法會已經結束了。

「怎麼辦才好呢？」男子煩惱地想著。

於是，他只好問在旁邊休息的船夫：「請問，這個河水深不深啊？有沒有其他方法到達對岸？」

船夫說：「請放心，這河水淺淺的，差不多只到膝蓋而已。」

男子一聽，開心地說：「眞的嗎？那我不就可以涉水過去？」

只見他話才說完，便將雙腳踏入水中行走，不可思議的是，最後他竟然眞的從河面上走到了對岸。

而正在恆河南岸聽法的人，看見這個男子竟然渡河走了過來，每個人都嚇壞了，因爲他們知道河水有好幾丈深。

有人擔心地問佛陀：「這該不會菩薩想指示什麼吧？不然，他怎麼能從河面上走過來？」

佛陀微笑著說：「其實，他並不是什麼菩薩的化身，他和你們一樣都是平凡人，也和你們一樣，只是對我所說的話都抱持著絕對的信心，所以，他可以從河面上輕鬆走來。」

「因爲相信，所以不可能也能成爲可能！」這是釋迦牟尼佛在故事中所要傳達的旨意，祂沒有親自現身來開示人們，只以僞裝的船夫，以一句「請放心」來建立信徒對自己的信心。

在我們的身上原來就存在一種潛能，一種可以讓自己完成任何可能的「自信力量」；一如故事中的平凡信徒，因爲相信佛陀的話，於是心中建立起了橫越恆河的信心，也同時開啓了自己在河面上行走的可能。

其實，故事中的「自信」與「潛能」，並不是深奧難懂的哲理，那只是一個很簡單的生活禪思，告訴我們：「即使人生困難重重，只要我們相信自己，那麼無論別人認為事情有多艱難，我們最終都一定能輕鬆渡過。」

成功靠實力，不是靠投機

「不賭為贏」，把自己的人生交給幾粒骰子的人，永遠不會是真正的贏家。

樂透彩風靡全台，不少人想用幾百元搏幾億。但是，靠十塊錢港幣起家，後來成爲億萬富豪的澳門「賭王」，在總結他畢生奮鬥的人生經驗時，卻出人意料地說：「不賭爲贏。」

這句話跌破衆人的眼鏡，賭王不賭，怎麼能成爲贏家呢？

當初，賭王從香港前往澳門時，身上只剩下十元港幣。但是，他並沒有用這

十元錢去賭自己的運氣，而是找一家貿易公司落腳。由於他吃苦耐勞，腦筋又動得快，很快就有了非常好的工作成績。

股東們看到他是個可造之才，便積極邀他入股成爲合夥人。

賭王慧眼識商機，把澳門一些多餘物資，如小船、發電機等運往大陸販賣，再換取糧食運回港澳。當時，正值兵荒馬亂，港澳嚴重缺糧，這一來一往，便獲得豐厚利潤。這種獨具慧眼、以物易物的交易方式，爲他日後的發展奠定良好的基礎。

到了六〇年代初期，賭王一生的轉捩點來臨。當時承包澳門賭業的一家公司合約期滿，當局登報公開招商。賭王看到這個千載難逢的發展契機，便竭盡全力參與競標；皇天不負有心人，賭王以高於對手僅八萬元的最小代價，獲得澳門賭業的專營權。

拿到賭業專營權，賭王並沒有就此高枕無憂地坐收漁利，而是絞盡腦汁，把賭業作爲一項百年產業來經營。

爲了廣開客源，他投資建造來往港澳的現代化輪船，又投資興建直昇機場和澳門機場，企圖吸引來自世界各地的遊客。

同時，賭王提出把旅遊與賭業結合，以賭業爲龍頭，一口氣帶動全澳門的交通、旅館、餐飲全面發展。

他更一改過去賭場由江湖人士把持的傳統，重用懂得現代企業經營的知識分子，由他們擔任賭場各級管理階層，使賭業由中下層的行業逐漸往現代化、高級化、科技化的方向邁進。

改變態度，壞事也可以變好事

俄國寓言作家克雷洛夫曾經寫道：「貪心的人想把什麼都弄到手，最後的結果卻是什麼都失去了。」

貪婪是一個無底洞，它讓人耗盡心機，只想投機，卻看不見眼前的危機。

「不賭爲贏」，說得眞好！那些把自己的人生交給幾粒骰子，試圖碰運氣的人，永遠不會是眞正的贏家。

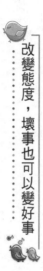

想要發財，或許你有兩條路，一條是賭博，一條是投資，你選哪一條？

賭博全憑運氣，中獎機率比被雷劈到的機會還小，無論你嚐了多少甜頭，最後贏的永遠是莊家，而老天爺又是最大的莊家。如果一個人既無才也無德，又怎麼可能會平白無故受老天爺青睞？

至於投資，當然也需要一點運氣，但需要更多的是眼光；不只是投資事業，也是投資時間，投資青春，投資精力，所有的投資都只有一個目的，就是讓自己變得更好。

投資靠的是實力，它的前提是「不投機」。

此路不通，就要懂得變通

兩個點最近的距離固然是直線，但是當此路不通時，繞遠一點的路，說不定反而可以走得更快。

一個人買了一座千斤石像，想要把它搬進位在十樓的家。

他問兩位朋友意見，其中一位思考要如何把石像搬到電梯裡，另一位卻想著要怎樣把石像搬上十樓。

依你看，哪個人想出來的方法會比較適當？

餐桌上，有七、八個大男人正爲了打開一個酒瓶塞而搏鬥著。

這瓶酒是託朋友從法國帶回來的，每年只出產九十九瓶，其中大部分都落到各地王公貴族手上。

爲了一償宿願，主人不只花了大筆銀子，還透過層層關係，加上機緣巧合，才好不容易得到這瓶酒的。原本高高興興地召集衆家親友一起分享，如今卻爲了這塊惱人的酒瓶塞而僵持不下，眼看著就要敗興而歸，這該如何是好？

經過他們輪番折騰，瓶口的軟木塞非但沒有取出，反而朝瓶子裡面陷下去半公分，越弄越糟糕。

有人提議用剪刀挑，這個建議隨即被人否決；他們認爲軟木塞的木質疏鬆，恐怕不易成功。

有人提議說，最好用一支釘子旋進木塞裡，然後用力撥出，如此便可以讓木塞隨著釘子拔出。

但是，這個建議依然遭到其他人的反對，認爲萬一施力方向錯誤，角度稍微向下，木塞很容易就會掉進瓶子裡。

那麼，就用比釘子還長的螺絲起子對著木塞用力往裡頭插入，讓螺絲起子貫穿木塞，然後將木塞隨錐子一起拔出。

這個主意終於獲得大家一致贊同，只可惜主人翻遍整間房子，卻始終找不到這種傢伙。

最後，大家決定用開罐器再試一次，結果，軟木塞不但沒有取出，反而還掉進酒瓶裡。

但是，男人們在一片惋惜聲中發現事情的結果——瓶子裡面的酒終於倒得出來了。

改變態度，壞事也可以變好事

導致我們陷入困境的，往往不是環境太過惡劣，也不是景氣真的那麼糟糕，而是我們太過僵化，不願意改變根深柢固的想法。

此路不通，就要懂得變通。當你遭遇失敗，有時候只要肯稍微改變一下自己的思路，就能夠順利找到出路。

在通往目的地的過程中，難免會碰到一些關卡，如果只是一味地思索要如何突破這些關卡，就很容易被它們誤導，反而看不清目標。

相反的，如果想要走得更快，遇到關卡時，不妨動動腦子，換個角度想一想，除了這一條路之外，還有沒有別的路一樣可以通往目標。

兩個點最近的距離固然是直線，但是當此路不通時，繞遠一點的路說不定反而可以走得更快。

畢竟，辦法是靠人才能想出來的，不是嗎？

要得太多，小心賠得更多

日常生活中，不要有非分之想，取物要適可而止；否則貪念一起，就像掉落無底洞，讓人不可自拔。

拿破崙曾經這麼說過：「當人們停止勾心鬥角、爾虞我詐之時，他們也就停止了思考。」

奸詐是人的本性，貪心更是人的天分，當「奸詐」碰上「貪心」，究竟誰才會是最後的贏家呢？

一位富商和一位賣饅頭的小販在半山腰上不期而遇，這時正值連日豪雨引發

山洪，山下更是氾濫成災。兩個人不幸被這場洪水困在山上，求助無門。他們不知道這場水災要持續多久，只能默默地祈禱老天爺別再開玩笑。

兩天後，富商身上所帶的糧食全部吃光了，只剩下滿滿一袋錢幣，而賣饅頭的小販儘管身無分文，卻還剩下一袋饅頭。富商於是提出建議，要用一個錢幣和小販交換一個饅頭。

如果是在平時，富翁的一個錢幣就已經可以買一整袋饅頭，這是再划算不過的事了。但是，小販卻不同意這樣的交易，認爲這是千載難逢的好機會，非狠狠敲他一筆不可。因此，小販堅持要用一整袋饅頭換富商手中那一袋錢幣。

算一算，每個饅頭還須花上三個錢幣，眞是獅子大開口。但是，爲了保命，富商只好勉爲其難地答應。

過了一天又一天，洪水始終沒有一點退去的跡象。富商吃著從小販手裡買來的饅頭，生計倒也不成問題，而賣饅頭的小販一連幾天沒東西吃，早已餓得飢腸轆轆、苦不堪言。最後，他實在忍不住，開口向富商要求，用原來三個錢幣的價格買回其他剩下的饅頭，但是，富商只答應他一部分條件，讓他用十個錢幣來換回一個饅頭。

到了洪水退去的那天，饅頭已經全部被吃光了，而那一袋錢幣也原封不動地又回到富商的口袋中。

改變態度，壞事也可以變好事

證嚴法師說：「日常生活中，不要有非分之想，取物要適可而止；否則貪念一起，就像掉落無底洞，讓人不可自拔。」

偷雞不著蝕把米，貪心通常都不會有好下場。偏偏人多少都抱著一絲僥倖的心裡，覺得倒楣的一定不會是自己，把所有佔人便宜的機會都當成是「上天的眷顧」。

要受過多少教訓，人們才可以學乖？當人們對自己的任何行爲都感到心安理得時，有時反而最可能犯錯。

要得太多，小心賠得更多。

PART 3

不要讓夢想變成空想

人擁有夢想是值得嘉許的，
但是徒有夢想，沒有通往夢想的梯子，
便會淪為好高騖遠，不切實際。

做一個沒有遺憾的輸家

所有的勝敗關鍵，往往就在那幾秒之間，比賽如此，人生也是如此，你還能說幾秒鐘不值得珍惜嗎？

只有珍惜時間，對生活抱持著積極樂觀態度的人，才能穿越荊棘遍佈的人生道路。如果我們不能妥善運用時間，使自己成爲生活的主人，那麼就毫無疑問地會淪爲生活的奴隸。

別忘了積少成多的道理，那不起眼的幾分幾秒雖然短暫，但是長久累積下來，卻能漫長得令你後悔莫及。

小豪的祖母在他讀小學的時候過世了，因爲祖孫倆的感情十分親密，那段日子裡，小豪像個遊魂似的，終日沈浸在失去祖母的哀傷中。

爸爸媽媽不知道該如何安慰這個幼小的心靈，唯一能做的，就是告訴小豪，接受事實吧！祖母永遠不會回來了。

「每個人都有屬於自己的時間，過去了，就不會再回來。你的昨天過去了，它就永遠是昨天，不可能變成今天。」爸爸耐心地對小豪說：「有一天你會長大，會變得像祖母一樣老，你也有屬於你的時間，時間到了，就永遠不會再回來。」

小小年紀的小豪似懂非懂，只知道時間原來是這麼可惡的東西，帶走了親愛的祖母，以後也會把他帶走，難道沒有任何東西可以把時間打敗嗎？

有一天，小豪獨自走在放學回家的路上，正好看到西斜的夕陽正要慢慢地沈進山頭，他知道自己永遠沒有機會再看到今天的太陽了，這一切都是時間搞的鬼！

小豪感到既著急又傷心，於是他下定決心對自己說：「我一定要比太陽更快回到家。」一想到這裡，小豪一路狂奔著跑回家去，當他到達家門口時，一邊喘氣一邊回頭看，看到天空中的夕陽還剩下半邊臉。小豪興奮不已，自己終於跑贏了太陽，戰勝了時間。

從此以後，小豪便常常做這樣的事情，有時和太陽賽跑，有時和飄零的落葉比快，甚至一整個暑假才能完成的作業，也卯足全力，不到半個月就全部做完了。之後，他更加確定自己絕對可以比時間更迅速，他就不相信自己會贏不了時間！

改變態度，壞事也可以變好事

人怎麼可能跑贏太陽？你能跑贏的，只是自己心目中的太陽。

既然人不可能戰勝時間，那麼你唯一能做的，就是儘量在時間之前輸得光彩，輸得問心無愧。時間的力量終究是無遠弗屆的，但是你卻可以雖敗猶榮，儘量珍惜時間，做一個沒有遺憾的輸家。

你不妨看看運動比賽，所有的勝敗關鍵，往往就在那幾秒之間，比賽如此，人生也是如此，你還能說幾秒鐘不值得珍惜嗎？

不要讓夢想變成空想

人擁有夢想是值得嘉許的，但是徒有夢想，沒有通往夢想的梯子，便會淪為好高騖遠，不切實際。

法國大文豪雨果在他的名著《悲慘世界》裡，曾經這麼寫道：「世間有一種比海洋更大的景象，那便是天空；還有一種比天空更大的景象，那便是人的內心活動。」

夢想來自人的內心活動，因此往往是遙不可及的，只有一步一步地加以實現，最後才不會淪爲空中樓閣。

美國汽車大王亨利．福特非常欣賞一個年輕人的才華，認爲他是一個可造之材，擁有無限的潛能。

他找來了這位年輕人，想盡自己的力量幫助他更快取得事業的成功。於是，福特問這個年輕人對自己的人生有什麼目標。

這個年輕人的答案卻令福特大吃一驚，他堅定地說，他的人生目標就是要賺到一千億美元。

一千億無疑是個天文數字。初生之犢不畏虎，這個年輕人雖然不知道天高地厚，卻顯得十分有自信。

於是，福特繼續問他爲什麼要替自己設定這樣的一個目標，年輕人思索了一下，他說：「沒有什麼原因，我認爲只有這樣才能證明成功，才算是實現了我的人生價值。」

福特笑了笑，這個年輕人雖然有志氣，卻不切實際，徒有夢想卻沒有方向，需要一些時間的歷練，因而福特對他說：「你還是實際一點，重新考慮一下你的目標吧！」

往後的五年時間裡，福特都沒有再見過這個年輕人，一直到他聽說了這個年輕人想創辦一所大學，但是努力籌措之後還欠缺十萬美元資金。福特很高興他終於找到了奮鬥的方向，不再好高騖遠，因此慷慨解囊，幫助他實現了這個夢想。

他們彼此之間很有默契，都沒有再提起當年的那個一千億美元。

這個年輕人有了福特的幫助，再加上自己努力不懈，把大學經營得十分成功，他以自己的名字爲大學命名，這所學校就是美國十大名校之一的伊利諾斯大學。

改變態度，壞事也可以變好事

美國作家海爾曼說：「有一天，當你發現自己的境遇都是自己造成的，而非源於意外、時間或命運，那是多麼悲哀的事。」

現實生活中，我們最常犯的錯誤就是習慣當「言語上的巨人，行動上的侏儒」，不願意腳踏實地盡心盡力。

人擁有夢想是值得嘉許的，但是徒有夢想，沒有通往夢想的梯子，便會淪爲好高騖遠、不切實際。

如果懂得腳踏實地，那麼就算夢想比天高，又有什麼不對呢？

正是因爲知道夢想實現的機率很小，所以才要做一個好大好大的夢，這樣一來，就算只實現了其中一部分，也算得上是一種成就。

努力會創造奇蹟，好好地描繪自己心中的夢想藍圖，正是因爲有了這麼遠大的夢想，我們才有實現其中一部分的可能。

別讓頭上的光環，成為罩頂的烏雲

成功不在於你有多少關係，而在於你有多少能力，以及願不願意殫精竭慮地努力。

現代人講求所謂的「人脈銀行」，彷彿誰認識的人多，誰就能比別人先掌握成功的關鍵。

其實，這是似是而非的觀念，人脈只能替你穿針引線，成敗仍舊取決於你到底有幾分能耐。

法國著名作家大仲馬的兒子小仲馬還沒成名之前，所寄出的稿件總是遭到出版社退回，而且到處碰壁，境況非常不如人意。

於是，大仲馬建議小仲馬在稿件末端附上自己的姓名，如此一來，出版社不看僧面也會看佛面，給大作家的兒子一個機會。

不過，小仲馬卻固執地拒絕了。

他說：「我不想做這種事，如果我利用你的名聲當作跳板，那麼我從以前到現在的奮鬥也就失去了意義。」

小仲馬年紀小但志氣高，不願用父親的盛名作爲自己開創寫作事業的資本，因爲他覺得那樣的做法太投機，也無法證明他自己的實力。因而，他在替自己取筆名的時候，也小心翼翼地選擇了其他的姓氏，避免讓別人聯想到父親的名字。

面對一大疊退回的稿件，小仲馬不只沒有被打敗，反而越挫越勇，越寫越有心得；他認爲自己只是時機未到而已，所以仍然堅持創作，每天在桌前一待就是一整天。

皇天不負苦心人，小仲馬的長篇小說《茶花女》因爲絕佳的構思和生花妙筆，終於震撼了出版社的編輯，而且編輯們一致認爲這是百年難得一見的曠世鉅作。

當出版社察覺到這分稿件上的地址，竟然和大仲馬的住址相同時，都以爲這分作品是出自大仲馬之手，只是生性幽默的大仲馬，故意用另一個筆名跟他們開玩笑而已。

直到他們發現作者不是大仲馬，而是他的兒子小仲馬的時候，不禁十分驚訝，並且對小仲馬的奮鬥精神讚嘆不已。

《茶花女》一出版，立即轟動了整個法國文壇，有人甚至認爲它的水準已經超過了大仲馬的《基督山伯爵》，小仲馬名享全國，終於用自己的努力爭取到屬於他的一席之地。

改變態度，壞事也可以變好事

看在那些講究「人脈就是金脈」的經理人眼裡，小仲馬簡直是一頭不知道轉彎的大笨牛，放著身邊這麼好的資源不用，竟然白白浪費了這麼多年的光陰；如果他早點打出父親的名號，不就可以早一點成名了嗎？反正市場終究會證明他的實力。

但是，當類似的情況發生在你身上，如果你真的那麼做，就算證明了實力，成功也永遠不會真正屬於你。

別人看你的眼神，多多少少會是在看「某人的兒子」，別人給你的掌聲，或多或少也是給你老爸「面子」，那些一開始戴在頭上的光環，最後終會變成一朵罩頂的烏雲，你想要那樣子的「成功」嗎？

成功不在於你有多少關係，而在於你有多少能力，以及願不願意殫精竭慮地努力。

沒有方向感的人最容易失敗

我們從小就被教導要走得遠，要爬得高，但卻很少人告訴我們，最重要的是走對方向。

法國科學家巴斯德在《科學家成功的奧秘》裡寫道：「找對方向是很重要的一件事。工作隨著方向走，成功隨著工作而來，這是不變的規律。」

當你爲生活奮鬥，或是遭遇緊急危難的時候，一定要有方向感，才不會讓自己陷入險境，千萬別再像無頭蒼蠅一樣到處亂竄。

世界這麼大，我們也許會不小心迷路，但是卻不能迷失方向。

我們常常可以聽到有人抱怨自己的方向感不好，但是，你知道方向感對一個人來說有多麼重要嗎？

老吳有一次相當驚險的經驗。有一天，他在湖邊散步，大概是看魚看得太出神了，一不小心居然掉進了湖裡。

老吳完全不會游泳，在水中載沈載浮，嚇得驚惶失措，於是一邊掙扎，一邊大聲呼救。

他落水的時候，離岸邊只有一、兩公尺的距離，可是當救援的人趕到，把他從水裡拉出來時，他離湖岸卻已經有幾十公尺遠了。

因爲，他太驚慌，只曉得拼命掙扎，但是卻根本沒有考慮應該往哪個方向，要不是救援人員來得快，可能早已一命嗚呼了，連岸上的人想要拉他一把都沒有辦法。

小張就比較幸運了，他是一位登山的愛好者，有一次，獨自一個人在山上探險，卻不小心弄丟了賴以辨別方向的指南針，迷失在深山裡。他想要憑藉記憶往回走，但卻怎麼也走不出這片山林。

此時的他就像站在一個大圓的中心，只要腳步稍微有一點偏差，那麼便會越差越多，最後到達的地方更會相差十萬八千里。眼前的處境使他感到驚恐萬分，實在不知道該如何是好。

走著走著，他看見一條小河緩緩地在眼前流過，他仔細想了想，便決定沿著這條河順流而下，河道旁的路雖然比較難走，但是他相信，河水是由上往下流的，入海處一定會在平地，一定能幫助自己走下山。

確定目標之後，他不依靠自己似是而非的方向感，而是堅定地沿著河流的方向一步一步往前走。

經過幾天的跋涉，他終於平安歸來，成功地走出了這座山林。

改變態度，壞事也可以變好事

我們從小就被教導要走得遠，要爬得高，但卻很少人告訴我們，最重要的是走對方向。

因此，我們的目標只有山頂，只有遠方，但是一路上，卻沒人告訴我們怎麼走才是正確的方向？迷失方向時如何才能找到出路？

其實，人生最重要的不是里程數，而是方向感。就好像在水中游泳一樣，你游得再遠，觸目所及仍然是一片汪洋大海，不如選定方向，游到最近的小島上，或許那裡的風景，才能讓你感到特別有收穫。

如果你不想讓自己繼續走得跌跌撞撞，不想讓自己繼續過得渾渾噩噩，那麼，就從現在開始，認真地尋找自己的方向吧！

美好，總是在意料之外

美好的事情，往往都是努力之後，從意料之外的角度切入，用平常心努力，成功往往才會在你不注意的時候靠近！

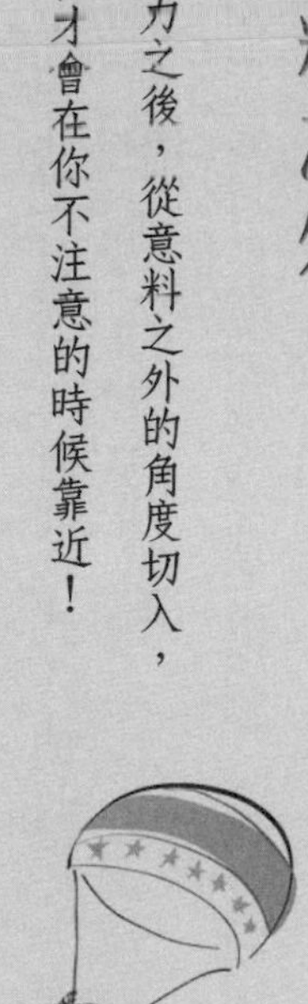

很多人習慣輕率地把別人的成功，看成是偶然的機遇。其實，偶然是事物的表面現象，懂得從偶然之中發掘出必然的因果，人才不會終日等待機遇降臨，徒然浪費寶貴的光陰。

在科學史上大名鼎鼎的荷蘭科學家萬．列文虎克，既沒有豐富的知識，也沒有顯赫的學歷，之所以能獲得令世人矚目的成就，原因就在於他的敬業精神與一生的執著。

最初，他只是一個普通的農民，沒有讀過什麼書，也沒有什麼特別的技藝，爲了生計，來到一個小鎭打工，並且找了一個倉庫管理員的工作。他每天的工作就是替工廠看門，而且在這個工作崗位上一待就待了六十年，從此再也沒有離開小鎭，也從來沒有換過工作。

由於這個工作性質比較輕鬆，休閒的時間比較多，萬．列文虎克選擇了費時費工的打磨鏡片作爲自己的嗜好。

這個嗜好看似無聊，其中卻有許多奧妙，常常令他沈浸在細膩的手工裡，而且輕易地就消磨了一整天的時間。

幾年以後，他打磨鏡片的技術已經達到登峰造極的水準了。由於他並不是爲了賺錢，不必迎合大衆的需求，因此更有餘力去研究各式各樣的鏡片，而且，磨出來的鏡片不只精細，放大倍數都要比別人的還高出許多。

在一個偶然的機會下，他把玩著自己磨製成的高倍數鏡片，無意間卻發現了一個在當時還不被世人了解的微生物世界。於是，他把這個發現公諸於世，從此聲名大噪。

儘管只有初級中學的學歷，萬．列文虎克卻被授予巴黎科學院院士的頭銜，連荷蘭女皇都親自去拜會他。

萬．列文虎克認爲自己只不過是從生活中注意到一些平淡無奇的細節而已，根本沒想到會因此踏進浩瀚的科學世界，因而謙虛地說，眞正的發明家不是自己，而是「偶然」，他只是發現了大自然創造出來的奧秘而已。

改變態度，壞事也可以變好事

有人會認爲，萬．列文虎克從一個倉庫管理員，一躍成爲名留青史的科學家，這種「偶然」實在令人眼紅，因爲許多人一生兢兢業業，卻不見得有這樣的好運氣，只有那些坐享成功果實的人，才會說出「一分耕耘，一分收穫」這種風涼話。

如果這種論調成立的話，那麼，我們辛苦工作究竟爲了什麼？難道只是爲了等待一次「偶然」的機會嗎？

如果你每天夢想著一步登天，那麼，與其大做白日夢，還不如去買張彩券，或然率恐怕會高些。

偶然，其實是另一種形式的必然。美好的事情，往往都是努力之後，從意料之外的角度切入，你不去引領期盼，人生反而分外美好；用平常心努力，成功往往才會在你不注意的時候靠近！

遺忘，就是苦難最好的解藥

記性有時是一種負擔，記得越多越沒有辦法放開，忘了自己，你才能擁抱世界，才能發現這個世界更多的美好。

時時提醒自己的不幸，就像拿一面放大鏡對著傷口一樣，不但對傷口完全沒有幫助，反而會讓你感覺更痛，不如忘了它吧！

只要你轉移了注意力，它就會不知不覺地消逝。

有一個生長在富裕人家的小女孩，集三千寵愛於一身，可說是要風得風、要雨得雨，是個名副其實含著金湯匙出生的幸運兒。

然而，就在小女孩三歲那年，突然得了一種奇怪的癱瘓症，訪遍名醫也束手無策，而她的雙腿也就這麼失去了走路的能力。

這麼小的年紀就註定要一輩子坐輪椅，對父母親來說是多麼沈重的打擊啊！因此，他們對小女孩更是加倍呵護，設法滿足她的每一個願望。

有一次，小女孩和家人一起乘船出海旅行，船長的太太為了逗孩子開心，告訴她船長室有一隻天堂鳥，色彩斑爛，曲線非常漂亮。小女孩聽了，立刻被這隻小鳥吸引了，直嚷著要親眼去看一看。

於是，褓姆把小女孩留在甲板上，自己先去找尋船長室的位置。

小女孩在甲板上等了一會兒，實在耐不住性子，於是便請求船上的服務生帶她去看那隻美麗的天堂鳥，生怕自己遲了一下子，那隻可愛的小鳥就會飛走了。服務生並不知道小女孩的腿不能走路，牽著她的小手便開始往船長室的方向走。就在這時候，奇蹟發生了！

小女孩滿腦子只想著她的天堂鳥，竟忘了自己不能走路，自顧自地拉住服務生的手，一步步慢慢地走了起來。

內心的渴望使她忘了雙腿的疼痛，她的癱瘓症從此不藥而癒，連醫生也目瞪口呆，解釋不出究竟是何原因。

有了童年時戰勝病痛的經歷，小女孩長大後，無論做任何事都全心投入，比一般人還要認眞。

她埋首於文學，用盡所有的心力創作，日後更成爲第一位榮獲諾貝爾文學獎的女性，她就是瑞典的名作家西爾瑪．拉格羅芙。

改變態度，壞事也可以變好事

很神奇的故事，不是嗎？但是，它確確實實地發生了，似乎告訴著我們，一個人倘使能達到「忘我」的境界，生活中許許多多的悲、恨、愁、苦，都會迎刃而解。

如果疾病不能治癒，痛苦不能平復，事實也無法改變的話，那麼就設法轉移注意力，忘了它吧！遺忘是最好的解藥。

某個人傷害了你，你恨不得狠狠地咬他一口，但是，事實上你根本拿他沒辦法，與其讓自己氣得牙癢癢的，皺紋倍速增長，不如忘了他吧！

遺忘，才是對一個人最無情的懲罰。

記性有時是一種負擔，記得越多越沒有辦法放開，只有忘了自己經歷過的苦痛，把心力花在自己鍾情的事物上，你才能擁抱世界，才能發現這個世界更多的美好。

想得再多，不如做了再說

如果你想往前邁進，想要跨越目前的狀態，那麼你就只有「行動」，而且要堅決果斷的行動，靠自己的力量往前走。

太多人總是在猶豫中錯失良機，機會是不等人的，不管決定是否正確，一旦決定了，就得爲自己的決定負責。

思華是個女性問題專家，有一次和朋友小琴聊天時，提到女人之所以比男人有更多的煩惱，全是因爲絕大多數的女人太過猶豫不決，意志力也不夠堅定的原因。

小琴聽了以後，露出一臉茫然的表情，完全不能體會思華話中的含意。於是，思華決定做個小小的實驗，帶著小琴來到一間寬廣空曠的教室，兩人各拿一把椅子，小琴坐在前門，思華坐在後門。

不久，有個女人從小琴面前的這個門口走過，這是個步履蹣跚的老奶奶，思華在教室的另一頭對她說：「請走過來。」

老奶奶環視著空無一物的房間，不悅地說：「這裡面什麼都沒有，爲什麼要走過去？」

說完，她就從原來的那個門走出去了。

第二個經過的是一位中年婦女，聽了思華的請求之後，半信半疑地看著另一個門口，漸漸感到不知所措。

她喃喃自語地說：「爲什麼要走過去呢？走過去還能走回來嗎？是不是走過去，就回不來了？」

思華充耳不聞，只是保持一貫的沈默，讓這位中年婦女自行決定，中年婦女猶豫了半天，最後還是無聲地退出了。

第三位經過的是個年輕辣妹，對思華的要求感到新鮮，興沖沖地問：「是要我跳過去，還是跑過去？」

思華依舊不吭一聲，這位年輕辣妹覺得自討沒趣，悻悻然地便轉身從原來的門口出去了。

第四位是個不到十歲的小女孩，聽了思華的話，沒有半點猶豫，「咚咚咚」幾聲，一下子從那個門口跑出去了。

思華嘆了一口氣，對小琴說：「現在妳了解了吧！整個實驗只有小女孩及格，其他的人難道不會走嗎？爲什麼還要等待別人告訴她應該怎麼做呢？有時候，行動就是人生的一切啊！」

改變態度，壞事也可以變好事

沒有煩惱的人可以說走就走，但是大部分的人，卻有太多的思慮、太多的考量，那一道門，不是那麼容易就可以跨越的。

誰說「行動」就是人生的一切？

你也可以選擇停下來乘涼，或是坐在那裡看看風景，人生還有許多事情可做，不一定非要「行動」不可。

但是，如果你想往前邁進，想要跨越目前的狀態，那麼你就只有「行動」，而且要堅決果斷的行動，靠自己的力量往前走。

只有懂得果斷行動的人，才能在過程中，得到最大的收穫。

先為自己準備救生圈吧！

人生在世就有如在泥濘、坎坷的道路上行走，只有意志堅定，懂得未雨綢繆的人，才能如願以償地走向幸福的彼岸。

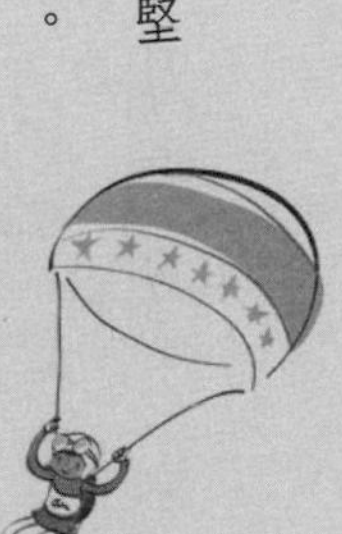

人只有在全力以赴的努力奮鬥中，自身的潛能才會不斷被發掘，心中也才會建立起堅定的信心和意志。

升高中的那年暑假，天氣十分炎熱，小燕便和幾個同學相約去游泳池游泳。在嬉鬧中，小燕突然失去了平衡，一股腦地往水裡沈。驚慌之下，小燕連忙伸手想要抓住池壁，但是什麼也碰不到！她的四周除了水，還是水，完全沒有可

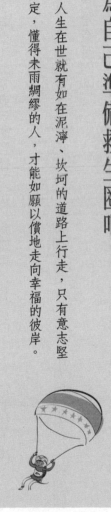

以依靠的目標。

一陣手忙腳亂之後，小燕再次跌入水裡，揮著雙手亂抓，伸長兩腳猛蹬，卻始終碰觸不到任何可以支撐的東西。

突然間，小燕的腦中浮起了「死亡」兩個字，感受到前所未有的恐懼，彷彿有一股力量揪著她的心似的。於是，她試圖讓自己冷靜下來，不敢亂動，努力地讓自己往下沈，希望可以碰觸到池底。

好像過了一世紀一樣，努力一陣子之後，腳下依然是空空蕩蕩的，她絕望地想著：「天哪！我該不會就這麼葬身在這個游泳池裡了吧？我還年輕，還有很多未完成的夢想啊！」

她不甘心！於是她告訴自己：「只有妳可以救自己了，一定要往下沈，一定要成功！」

但是，不管她花了多大的力氣，水裡卻有更大的反作用力與她對抗，她的腳底下仍然是空空的。

缺氧使小燕不由自主地張開了嘴，一連灌了好幾口水之後，感覺自己的肺就快要爆炸了。她連一秒鐘都熬不下去了，真的很想放棄，與其承受這樣的痛苦，真想痛快的死了算了。

「不行！我怎麼能讓自己就這樣死去呢？」於是，小燕緊閉著嘴巴，繼續堅持著，不斷在心裡默默鼓勵自己：「就只差一步了，我一定要堅持下去，再一步就好。」

這時，她的腳終於感覺到一些堅硬的東西，是池底！小燕喜出望外，忘掉了現在所有的痛苦，拼了命地再往下沈。

終於，她的雙腳平踩到池底，猛力一蹬，像隻海豚似地衝出水面，雙手緊抓住池邊，不停地喘著氣，呼吸著久違的空氣。

小燕從來沒有感覺這麼心滿意足過，不知不覺地，眼淚也嘩啦啦地跟著流了下來。

呼吸平順了，眼淚也擦乾了，精疲力盡的她癱在池邊，環顧一下四周，沒有人注意她，也沒人知道，她剛剛經歷了一場生與死的搏鬥。

改變態度，壞事也可以變好事

每一個徘徊在生死邊緣的人都一定經歷過這種掙扎，嬰兒出生時要掙扎，人在死亡前也會掙扎；掙扎，其實是人的一種本能。

不過，到了盡頭時才曉得掙扎，起死回生的機率能有多少？與其讓自己有掙扎的機會，不如在下水之前，先幫自己準備好救生圈吧。

歌德曾說：「誰若是遊戲人生，他就一事無成；誰若不能主宰自己，永遠是個奴隸。」

人生在世就有如在泥濘、坎坷的道路上行走，只有意志堅定，懂得未雨綢繆的人，才能遇事沈著冷靜，如願以償地走向幸福的彼岸。

失敗比成功更快樂？

人生本來就有高低起伏，你該慶幸自己還能有低潮，這表示你以前曾經風光過，以後也才會有東山再起的機會。

如果我們能清楚地了解自己當前的處境，以及未來將走向什麼地方，那麼我們就能更加睿智地判斷自己應該做什麼，自己又不該做什麼。

有一個十分上進的年輕人，從學生時代開始，便以爬上大公司總經理的位置作爲奮鬥的目標。

畢業之後，他進入了一家人公司，每天努力工作，甚至以公司爲家，晝夜不分地辛勤耕耘。

歷經八年的奮鬥之後，他終於得償所願，當上了這家公司的總經理。

當上總經理之後，他的生活變得更加忙碌不堪，過了一段時間，發現自己的創造力下降，原本充滿創意的腦袋，現在根本擠不出任何東西。這樣的發現使他工作情緒低落，覺得自己就好像一部工作機器，永遠有簽不完的文件、看不完的公文，每天上班下班，周而復始不停地運轉著。

總經理這個職位雖然是他夢寐以求的，卻無法給他帶來任何工作上的成就感，他好懷念從前當小職員的那段時光，每天充滿鬥志，有著層出不窮的創意。到底該怎麼辦呢？究竟是這個位置不適合自己，還是自己根本無法勝任這個位置？

在迷惘中，他去聽了一場演講，演講人說了一段話使他印象深刻，他說：「不管你現在有多風光，有多少成就，先問問自己，十年後的你會變成什麼樣子？」

台上的演講人又說：「如果你看不見自己十年後的樣子，又或者你的想像並不是自己所期望的，那麼這表示你現在的生活方式和工作態度都有問題，你必須重新調整自己的腳步和方向。」

當晚，這個總經理想了又想，試圖描繪出自己十年以後的樣子。他看見自己變成一個市儈的生意人，他的人生等同於報表上的投資損益比，唯一能讓他高興的只有鈔票和星期天。

他一點都不嚮往這樣的生活。

原來，實現夢想並不能保證快樂，真正的成功是去做自己想做的事，過自己想過的生活。他終於明白，人生其實還有很多比當總經理更有意義的事情，於是他毅然決然地辭去總經理一職，讓自己從絢爛歸於平淡，重新去找一條真正屬於自己的路。

改變態度，壞事也可以變好事

失敗容易令人迷惘，成功也是一樣。

許多人達成多年的理想之後，卻突然頓失所依，沒有了前進的方向，成功的代價，原來是迷惘。

人生本來就有高低起伏，處於低潮時，你該慶幸自己還能有低潮，這表示你以前曾經風光過，以後也才會有東山再起的機會；當你站上高峰時，也不要笑得太早，許多人都是從這裡跌下來的。

成功時，先想想看十年後的自己會是什麼模樣，如果你仍覺得若有所失，那麼就先停下腳步，好好地想清楚吧！

PART 4

充滿自信才能創新

突破傳統的窠臼需要自信和勇氣，
更需要高明的創新手法。
扭轉既有的事實需要冒險，
新大陸往往就是這樣被發現的。

只要盡力，就會創造奇蹟

對大部分的人來說，成長並沒有增長自己的潛能，反而只是阻斷了潛在的可能，最大的阻力來自內心，只要你願意，沒有什麼是可以阻攔你的！

莎士比亞曾說：「尋找藉口，辯護自己的無能，往往會因為那些藉口，更加突顯自己的無能。」

人生難免遇到自己覺得無法解決的難題，與其爲那些問題傷透腦筋，還不如竭盡心力勇敢面對。

很多時候，只要你願意盡心盡力面對眼前的難關，再困難的問題也會迎刃而解，人生的軌跡也會跟著峰迴路轉。

某年夏天，一個八歲的小男孩和媽媽一起開著貨車去送貨。在崎嶇的山路上，母子倆一路上有說有笑，正當興高采烈之時，貨車的後輪突然爆胎了，車子馬上失去控制，連人帶車跌跌撞撞地摔下了山谷。

在那天旋地轉的當下，母親憑著本能，把小男孩緊緊地摟在懷中，等到四周恢復平靜之後，小男孩毫髮無傷，但是媽媽的臉上卻佈滿鮮血。車子的變速桿整個插進了母親的臉，她的身體被支離破碎的車門壓得動彈不得，猛烈的撞擊更使她失去了意識，只剩下微弱的呼吸。

面對這種景象，小男孩感到十分惶恐，大聲喊著：「媽媽，妳不用怕，我會救妳的。」

母親動也不動，昏昏沉沉中，疼痛難當的她不斷低聲地喃喃哀求著：「讓我就這麼睡吧！」

小男孩緊握著母親的手，試圖把自己的力量傳到她身上。他不想失去媽媽，不斷地叫著：「媽媽，妳一定要支持下去，千萬不要睡著啊！」

不知道哪裡來的力氣，小男孩把車門的殘骸一點一點地移開，費盡了九牛二虎之力，好不容易把母親拉出了車外。然後，這個八歲小孩用小小的身軀背起母親，就像隻小蝸牛揹了個大殼一樣慢慢爬行。

疼痛使母親生不如死，幾乎要放棄求生的意志，但是小男孩卻不肯放棄，一路上，像母親從前哄他入睡時那樣，不停地說著故事給媽媽聽；他講的是一個童話故事，有一部小火車雖然只有一個引擎，卻能爬上陡峭的山頭，因爲它相信自己能夠做到。

爲了使媽媽振作起精神來，小男孩一次又一次地重複著這個故事，不知道過了多久，他們總算爬到了路邊。

路燈照亮了母親傷痕累累的臉，鮮血模糊了她的五官，小男孩淚流滿面，朝路過的車輛瘋狂地揮手求救。最後，終於有好心人士送他們到醫院，經過八個小時的手術之後，母親終於脫離險境了，很難相信，救她一命的，竟然是她年僅八歲的兒子。

小孩子的力量有時會比大人還要大，因爲他們對事情的想法單純，天眞的以爲只要努力就有機會，而大人卻因爲「明白」世上有太多不可能，所以遇到困難的時候，往往不願努力就放棄了。

對大部分的人來說，成長並沒有增長自己的潛能，反而只是阻斷了潛在的可能。我們曾經是故事裡那個勇敢睿智的小孩，如今卻處處爲自己設限，讓自己活在許多的阻力之中。

亞米契斯曾說：「不要害怕困難，事情做不好，往往不是因為沒有能力，而是不夠盡力。」

何不回復單純的赤子之心，盡力爲自己創造奇蹟呢？人最大的阻力來自內心，只要你願意，就沒有什麼是可以阻攔你的！

在關鍵時刻讓自己更出色

朗費羅曾說：「我們是以自己有能力做什麼事來評斷自己，但別人卻以我們已經做了哪些事來評斷我們。」

每個人都想要當一個聰明人，卻往往很少人懂得要如何在適當時候，展現自己的聰明才智。

即使孔雀具備色彩斑斕的羽毛，如果不知道該在什麼時候開屏，終其一生，也只是一隻平凡無奇的小鳥。

想要飛上枝頭成爲鳳凰，就要抓緊平步青雲的好時機，在關時刻讓自己表現得更加出色。

威爾遜曾經寫道：「要有自信，然後全力以赴，假如有這種信念，任何事情十之八九都能成功。」

的確，一個人倘使沒有自信的話，人生就索然無味，必須切記，我們的人生，會隨著我們的自信多寡，而具有多少價值。

鐵血宰相俾斯麥在普法戰爭勝利後，頒贈十字勳章給所有有功的戰士。

俾斯麥手持十字勳章，親自爲一名士兵佩戴。在佩戴的過程中，他隨口問道：「如果你沒有錢，你會認爲一百元比這個勳章重要嗎？」

這名士兵想了想，恭敬地回答：「長官！據您所知，這枚勳章的價值在哪裡呢？」

「喔！這個……它的價值大概是榮譽吧！不過這個榮譽只值三塊錢喔！」俾斯麥回答，並幽默的一笑。

士兵聽了，不慌不忙地說：「那麼長官，我想我要這枚勳章和另外的九十七元。」

鐵血宰相一楞，接著哈哈大笑。他十分佩服這名士兵的聰明機智，不由得對他多看了兩眼。

從此，這名士兵的官運也飛黃騰達了起來。

改變態度，壞事也可以變好事

這位士兵在俾斯麥的威儀下，仍毫不畏懼地展現自己的機智，自然引來大家的刮目相看。

許多人「在家一條龍，出外一條蟲」，空有一身武藝，卻總在上台時怯場，以致演出失常，吸引不了伯樂，這怪得了誰？

每個人的一生中都有幾次「關鍵時刻」，你平時累積的才華、技藝都是爲了這些時刻所準備。

眞正能夠技壓群雄的人，不一定具備一百分的實力；他可能只有九十分，卻能適時而充分地展現這九十分，也因而打敗了那些具有一百分實力，卻只表現出

八十分的對手們。

美國詩人朗費羅曾說：「我們是以自己有能力做什麼事來評斷自己，但別人卻以我們已經做了哪些事來評斷我們。」

你是個什麼樣的人，最終是別人說了算！你又怎麼能不好好把握每一個表現自己的機會呢？

但丁曾經說過：「能夠使我漂浮於人生的泥沼中，而不致墮落的，是我的自信心。」

其實，人認爲你是那一種人，並不要緊，重要的是你自信自己是那一種人，因爲，衡量自己是否有能力，應在於你的自信心如何？也就是只要你認爲你能夠，你便能夠，你認爲你不能夠，你便不能夠。

信任別人才能成就自己

一山還有一山高，遇到更高的山峰，與其把他剷除，不如想辦法站在他的肩上，讓其為你所用，讓自己成為更高的頂峰。

樂於付出自己的信任，所以容易讓人泉湧以報，盡力做到最好。這麼一個好的良性循環，其中獲益最多的人是誰？

答案非常明顯，聰明的你一定猜得到！

美國威爾遜總統執政期間，十分知人善任，對於有才能的人，總是不恥下問，多加提拔。

其中有一名軍官，博學多聞，深得威爾遜總統的器重，對他的依賴度甚至超過自己的內閣群臣，只要有需要商議的地方，威爾遜總統一定第一個想到這位軍官。

威爾遜總統知道，這名軍官無論是在一般性的知識，或是對國際事務上的見解，都遠在自己之上。他越重視這位軍官的意見，軍官也就越主動充實自己的知識，不辜負他的信任。

一次，威爾遜總統遇到了一個軍事難題，時間非常緊迫，但是內閣們卻都表示無能爲力，於是他只好四處求援。這位軍官一接到消息，馬上致電給威爾遜總統，提出精闢的解決之道，令衆人佩服得無體投地，威爾遜總統更是深感安慰，十分高興，從此對這名軍官更加器重。

而這名軍官也因爲受到了鼓勵，於是更加積極奮發，盡心盡力地爲威爾遜總統效勞。

威爾遜總統就是因爲有容人的雅量，善用身邊賢能之士的輔佐，任期間政績卓越，成果輝煌，在美國歷史上留下了很好的名聲。

理查．焦爾達諾曾經說過：「衡量一個好的領導人，標準不是他做了多麼了不起的事，而是有多少員工願意追隨他。」

的確，一個高明的領導者除了必須知人善任外，還必須具備讓部屬積極行動的智慧，讓他們自動自發地貢獻自己的才能。

威爾遜總統心胸廣闊，善用賢能之士，而不擔心其功高蓋主，更鼓勵人人貢獻其才，讓底下的人如沐春風，更加賣力演出。

這就是成功者的雄才大略啊！不只是發揮自己的能力，更能集合別人的力量，創造更好的成效。

一山還有一山高，遇到更高的山峰，與其把他剷除，不如想辦法站在他的肩上，讓其爲你所用，讓自己成爲更高的頂峰。

把前人的痛苦當成自己的珍珠

人生不外乎是挫折、麻煩與困難，你無法避免它們的到來，
你只能儘量不讓它們打亂自己的步調。

人生的體悟似乎總是來得太遲，往往當你明瞭了一些什麼道理時，可能你也已經衰老了許多。

事實上，並不是非要經歷傷痕累累才算體驗過人生。你的前頭還有許多人走過和你一樣的路，他們的人生經驗正是你最好的借鏡，如果你能善用他們的智慧，也許可以走出不一樣的路。

以下便是一位退休老人用他一生所記錄下來的智慧。

二十歲那年，這個老人任職的公司突然惡性倒閉。當時，他還是個不懂世事的毛頭小子，而且不幸失業了；心急如焚之時，經理卻安慰他說：「你眞幸運。」

「幸運？」他不禁生氣地大叫：「我在這裡浪費兩年的光陰，還有幾萬多塊的薪水沒領到，這叫什麼幸運？」

「眞的，你很幸運。」經理繼續說：「凡是在年輕時受到挫折的人都很幸運，因為這給你一個機會，你可以學到如何鼓起勇氣從頭做起。要是到了四、五十歲才災禍臨頭，這樣的人沒有學過如何重新開始，這時候再來學，恐怕已經年紀太大，心有餘而力不足了。所以，你很幸運，你的挫折來得正是時候。」

到了這個老人三十五歲時，事業已經稍具規模，每天有處理不完的公事，接聽不完的電話，讓他經常抱怨連連。

這時，他的上司把他叫到一旁，和顏悅色地對他說：「不要因為事情的麻煩而抱怨，你的收入多就是因為工作麻煩。一般人不需要負什麼責任，他們沒有什麼麻煩，所以他們得到的報酬也少。只有艱難的工作，才值得豐厚的報酬。」

到了四十歲，恰好是他對工作最遊刃有餘的時候，一位哲學家朋友告訴他說：「好好享受你現在的生活，等到再過五年，你就會有重大發現，那就是——麻煩不是偶然出現的，麻煩就是人生。」

如今這個老人已經五十多歲了，回想這三位長者所給他的啓示，眞是一生受用不盡的至理名言啊！

改變態度，壞事也可以變好事

貝多芬曾經寫道：「在困厄顛沛的困境，能堅定不移，甚至還感謝這個困境，這就是一個人真正令人欽佩的不凡之處。」

其實，環境本身惡不惡劣並不決定我們快樂或不快樂，重點是我們用什麼心境面對自己所處的環境，以及是否能從不同的角度替自己找出路。

有些人的生命如同蚌殼中的細沙，用盡畢生精力，把一粒粒的折磨和痛苦化爲珍珠。

如果，你懂得欣賞他的珍珠，你也就等於上了人生寶貴的一課。

人生不外乎是挫折、麻煩與困難，你無法避免它們的到來，你只能儘量不讓它們打亂自己的步調。

看看別人怎麼度過這些難關，隨時調整自己的心態。你所受的痛苦，很多人都曾遭遇過，你應該不是最不幸的那一個。如果你願意用心傾聽別人的生活經驗，體悟來得也許永遠不嫌太遲。

失敗是為了累積成功的能量

處於逆境時，你更要相信，如果沒有走上這一條崎嶇的道路，也許你永遠無法碰到下一條風光明媚的分岔路。

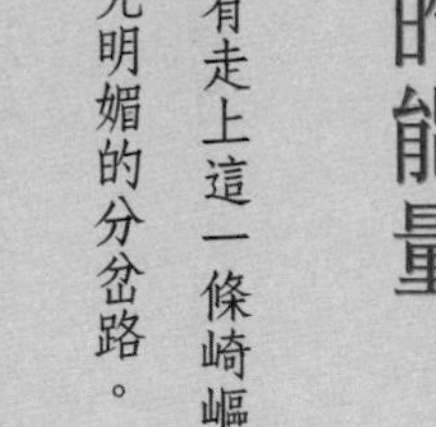

失敗的原因有很多，也許是努力不足，也許是時候未到。不管你是爲什麼原因失敗，都要相信自己的努力總會有開花結果的一天。

如果到現在，你還看不到豐收的時機，也許是因爲上帝對你有其他特別的安排。

有一位商人繼承父業做珠寶生意，可是，他缺乏父親對珠寶業的明察秋毫，才接手沒幾年，就把父親留傳給他的龐大資產全部賠光了。

他認爲自己的問題並不是缺乏經商才能，而是珠寶行業的投資太大，技術性太強，風險也太高，因此，決定改行做服飾生意。

他認爲，服裝業的週期短，又不需太多專業知識，憑他過人的生意頭腦，肯定能成功。

於是，他變賣了僅有的一些家產，開了一家服飾店。經營了三年以後，他的服飾店再也沒有資金進貨，擺在檯面上的衣服也因爲價格不具吸引力而乏人問津。他不得不承認自己再度失敗了。

他意識到自己不適合瞬息萬變的服飾市場，每當他發現一種新款的服裝正流行，正準備撥出資金進貨時，同行們的這種款式已經開始淘汰了，他總是只抓得住流行的尾巴。

一而再的失敗並沒有把他擊倒，他變賣了服飾店，用剩餘不多的資金開了一家小餐廳。

他想，這種簡單的生意，只要僱幾個人做菜，客人吃飯付錢，又不用很大的週轉金，總該不會賠了吧！

可是，事實證明，他又錯了。他眼睜睜地看著相鄰的餐廳高朋滿座，而自己卻是門可羅雀。最後，連僱來的員工也被別家餐廳挖角了，只剩下他獨自一個人收拾殘局。

後來，他又嘗試做了化妝品生意、鐘錶生意、印刷生意，但都有如把鈔票往海裡丟，一件一件地失敗了。

到了這個時候，他已經五十二歲。從父親交給他珠寶生意至今，他奮鬥了二十五年，最後卻一無所有。

灰白的雙鬢更加使他相信，他沒有絲毫經商的才能。

他盤算自己剩餘的財產，所有的錢只夠買一塊離城很遠的墓地。他想：「看樣子，自己是不可能鹹魚翻身了，不如趁早買一塊墓地給自己留著，要是哪一天一命歸西，也算有個地方安息。」

他所買的墓地是一塊極爲偏僻的土地，離城足足有十五公里遠，別說有錢的人，甚至連一些窮人也不願意買這樣的墓地。

但是，奇蹟發生了，就在他買下了這塊墓地後的第十八天，市政府突然公佈了一項建設環城高速公路的計劃，他的這塊墓地恰恰處在高速公路的內側；高速公路計劃使得道路兩旁的土地一夜之間身價暴增，他的這塊墓地更是漲了一百多倍。

他做夢也沒有想到，無心插柳柳成蔭，自己竟靠著這塊墓地發財了。

他驚覺到，自己何不試著做房地產生意呢？於是，他賣了這塊墓地，然後購買了一些他認爲有升值潛力的土地。

五年以後，他成了全城最大的房地產業主。

改變態度，壞事也可以變好事

希臘船王歐納西斯曾經說過這麼一番話：「最黑暗的時候，正是我們必須積極尋找光線的時候。」

在人生的過程中，每個人都難免會遭遇挫折和失意，只要懂得修正錯誤，將

失意和挫折轉化成再出發的動力，就可再度擁有一個美麗燦爛的人生。

成功來得永遠不會準時，但也永遠不會太遲。

若不是經歷過層層疊疊的失敗，故事中的這個商人又怎麼會無心插柳而成功致富呢？

因此，處於逆境時，你更要相信，如果沒有走上這一條崎嶇的道路，也許你永遠無法碰到下一條風光明媚的分岔路。

人生的道路是一步又一步走出來的，現在的腳步也許艱辛，但是當你某天回頭一看，會看見這些其實都是引領你走向未來的足跡。

充滿自信才能創新

突破傳統的窠臼需要自信和勇氣，更需要高明的創新手法。扭轉既有的事實需要冒險，新大陸往往就是這樣被發現的。

同樣的一種生意，爲什麼人人都賺錢，到了你手上就會賠錢？經營的手法不同，得到的結果當然也就不同。

眞正具有生意頭腦的人，即使別人前仆後繼地賠本，他也能充滿信心地從中找到新的商機。

在一九八四年以前，奧運會的主辦國幾乎都是「指定」的。

對舉辦國而言，能舉辦奧運會，象徵著國家民族的榮譽，也可以乘機提升國家的形象。但是，場地、建築物與周邊設備……等等高經費的投資，往往使政府負擔巨大的財政赤字。

看看那些有過慘痛經驗的國家就不難知道這種情形，一九七六年加拿大主辦蒙特婁奧運會，虧損十億美元；一九八〇年，前蘇聯莫斯科奧運會總支出達九十億美元，具體債務更是一個天文數字。

奧運會幾乎變成爲「國家民族空泛的利益」而舉辦，或爲「政治的需要」而舉辦，賠老本已成了舉辦國不可避免的宿命；他們只能自我安慰，凡事有得必有失，吃虧就是佔便宜嘛！

直到一九八四年洛杉磯奧運會，美國商界奇才尤伯羅斯接手主辦，才運用他過人的創新思維，改寫了奧運的經濟史。

鑑於以往其他國家舉辦奧運的虧損情況，洛杉磯政府在得到主辦權後即做出一項史無前例的決議：第二十三屆奧運會將不動用任何公用基金。自此開創了由民間機構主辦奧運會的先河。

尤伯羅斯接手奧運之後，發現主委會竟然連一家小公司都不如；沒有秘書、沒有電話、沒有辦公室，甚至連一個帳號都沒有。

一切都得從零開始，尤伯羅斯決定破釜沉舟，把自己旅遊公司的股分賣掉，所得的資金用來招募員工，把奧運會商業化，進行市場式的運作。

尤伯羅斯的第一步，是開源節流。他認爲，自從一九三二年的奧運會以來，規模浩大、場面虛浮、造勢奢華和開銷浪費都成爲一種慣例，因此，他決定想盡辦法來節省不必要的開支。

首先，他本人以身作則不領薪水，在這種精神感召下，有數萬名員工都願意當義工，國家榮譽就是他們最好的報酬。

其次，尤伯羅斯決定沿用洛杉磯現成的體育場，借用當地的三所大學宿舍作爲選手村。光是這項決議就節省數十億美金，尤伯羅斯創新思維的功力、膽識實在不容小覷。

第二步，尤伯羅斯把腦筋用在聲勢浩大的「聖火傳遞」活動上。

奧運聖火在希臘點燃後，將在美國舉行橫貫本土的一．五萬公里巡迴接力跑。

尤伯羅斯想出一個相當獨特的捐款辦法：只要肯出錢，就可以舉著火炬跑上一程。

尤伯羅斯實際上是在販賣百年奧運的歷史、榮譽等巨大的無形資產。結果聖火傳遞權以每公里三千美元出售，一．五萬公里共售得四千五百萬美元。到這個時候，衆人才意識到，原來奧運也可以是一棵搖錢樹。

第三步，尤伯羅斯出人意料地向廠商提出，贊助的金額不得低於五百萬美元，而且強調，奧運會所有場地範圍，包括空中在內，都不准非贊助廠商做商業廣告。

這些苛刻的條件使來自世界各地贊助商的熱情不降反升，一家家知名公司急於加入贊助行列，爲了競標，有的廠商甚至還沒弄清楚本身所贊助的室內賽車比賽程序如何，就匆匆簽字。尤伯羅斯最後從一百五十家贊助商中選定三十家，此舉共籌得一億多美元。

尤伯羅斯並採取獨家轉播的方式，讓美國三大電視網你爭我奪、一較高下，結果，美國廣播公司以二．二五億美元奪得電視轉播權。

尤伯羅斯又首次打破奧運會廣播電台免費轉播比賽的慣例，以七千萬美元把廣播轉播權賣給歐洲、澳大利亞的廣播公司。

另外，尤伯羅斯以高價出售門票，並以該屆奧運會吉祥物山姆鷹爲主，設計了相關紀念品推廣到世界各地。

在短短的十幾天內，第二十三屆奧運會扣除總支出，所得的淨利是二・五億美元，比原來的計劃還多了十倍。

尤伯羅斯本人也得到四十七萬美元的紅利。在閉幕式上，國際奧委會主席薩馬蘭奇向尤伯羅斯頒發了一枚特別的金牌，媒體稱這面金牌爲「本屆奧運最大的一枚金牌」。

改變態度，壞事也可以變好事

俄國作家契訶夫曾經寫道：「你知道才能是什麼意思嗎？那就是勇敢、開闊的思想，以及遠大的眼光。」

不具備開闊的思想及遠大的眼光的人，即使開創出再怎麼偉大的事業，也只不過是一時的僥倖，所能維持的也僅僅是短暫的瞬間。

唯有具備不怕失敗的勇氣與鬥志，凡事從各個角度思索，才可能打造最成功的人生版圖；一個不敢迎接生命中的各種挑戰，不敢大膽設想的人，成功之路終將是遙遙無期的。

在現在人的觀念看來，舉辦奧運能賺大錢已經是眾所皆知的事，但是在當時卻是前所未有的創舉。

尤伯羅斯的成功例子，說明了突破傳統的窠臼需要自信和勇氣，更需要一些高明的創新手法。

扭轉既有的事實需要冒險，但是，新大陸往往就是這樣被發現的。

知道極限才能突破

試著了解自己，並接受自己。當你可以自在大方地笑談你的優缺點，自然能夠引起別人的共鳴，又怎麼會懷才不遇呢？

人們經常感嘆自己懷才不遇，但是，被問到長處、優點在哪裡，卻又支支吾吾，或是一問三不知。

了解別人不容易，了解自己更是高難度。當你眞正看清楚自己，你才能認識自己的極限，充滿信心地衝破極限。

一九六〇年，甘迺迪競選美國總統時，是歷來最年輕的候選人，許多民衆雖然欣賞他的聰明才幹，但是不免還是有一些疑慮。

雖然他看起來穩重老成，可是年齡似乎不太具有說服力，美國歷史上從來沒有這麼年輕的人當總統。

另外，他的宗教信仰也是民眾再三考慮的焦點；甘迺迪是個天主教徒，而當時天主教徒只佔美國公民的十分之一。

甘迺迪面臨來自四面八方的壓力，他心裡清楚大家的想法，知道自己的弱點在哪裡，可是他非但不聲東擊西，用迂迴手法來逃避這些問題，反而針對大家的疑慮挑明了說，盡力把自己的缺點轉化爲優點。

競選對手曾經當眾攻擊他：「要當總統，白頭髮總得要有幾根吧？」

但是，甘迺迪絲毫不覺得這是問題，他笑著回答：「頭髮白不白和當總統沒什麼關係，最重要的是，得看頭髮下面有沒有東西！」

針對自己的宗教信仰，甘迺迪自信滿滿地說：「正因爲天主教徒是美國的少數，如果由天主教徒當上總統，就表示這個國家尊重少數公民。我們開國以來，一直推廣人人生而平等的精神，可以由此得到印證，以後黑人、黃種人，或是其他宗教的信徒，都有當總統的權利。」

甘迺迪的解釋一掃大家心中的疑慮，不但獲得廣大的票源支持，更凝聚少數公民的票源。

團結力量大，當每一個少數族群都結合起來，便成了多數；甘迺迪因此順利當選美國總統。

改變態度，壞事也可以變好事

俄國大作家高爾基曾在作品中寫下一段勉勵世人的話語：「人的天賦就像火花，可以熄滅，也可以燃燒起來。逼它燃燒成熊熊大火的方法只有一個，那就是把握有限的時間，努力再努力。」

想要成功，就要學習甘迺迪總統，不能做「言語上的巨人，行動上的侏儒」，必須採取行動，以積極的做法實踐腦中的想法。

甘迺迪最成功的地方，就是他知道自己有幾分能耐，做得到的事情他當仁不讓，無法改變的弱點也毫不避諱。

他懂得把自己的長處放到最大，把自己的短處縮到最小，甚至把最讓某一部分人疑慮的地方，轉化爲讓另一部分人支持的優點。

這樣的人，當然具備成爲美國總統的資格。

在你眼中的優點，有可能成爲別人眼中的缺點；當然，你自己耿耿於懷的缺點，也有可能會成爲你最可愛的地方，最重要的是，你要試著了解自己，並且接受自己。

當你可以自在大方地笑談本身的優缺點，自然能夠引起別人的共鳴，又怎麼會懷才不遇呢？

貪小便宜的人最容易吃大虧

沒有人喜歡吃虧，但是卻有很多人存心想佔人便宜，每個人的眼睛都是雪亮的，最傻的人，才會把別人都當成傻瓜。

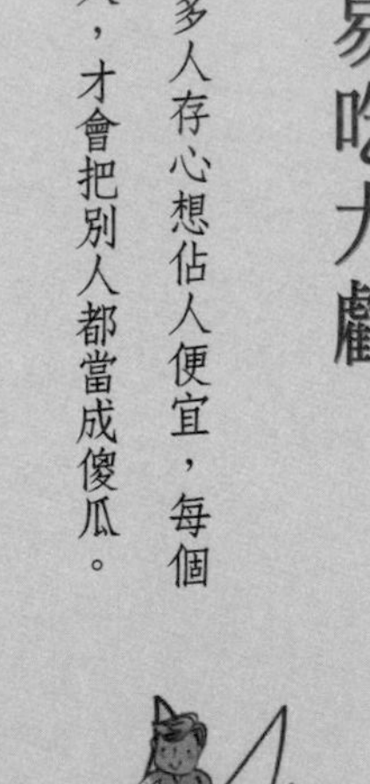

人最常見的壞習慣，就是愛貪小便宜。

秉著「不誠實賺大錢」的原則，有可能真的讓收入扶搖直上，但是，也容易會因小失大，砸了自己好不容易豎起來的招牌。

有一次，一位台灣人林先生到日本考察，因爲人生地不熟，於是他依照雜誌上的介紹，選擇一家中國人開的餐館用餐。菜單上的食物琳瑯滿目，林先生點了

幾樣小菜，以及一分他感興趣的湯。

不久，服務生捧來一大鍋熱呼呼的湯放在他面前。林先生當場楞住，詢問服務生：「我只有一個人，這麼大一鍋湯，我能喝得完嗎？」

沒想到服務生聽了非但毫無歉意，反而理直氣壯地回答：「誰叫你點餐時沒有說明是要一『碗』湯呀！」

林先生聽了氣得說不出話來，匆匆喝了幾口湯。但不管湯再怎麼美味，他心裡也都只感到不是滋味，於是，不等其他菜上來，氣沖沖地付了一鍋湯的價錢，便拂袖而去。

後來，他又到一家日本人開的餐廳，點了類似的一分湯，也沒有說明是要一大鍋還是一小碗。不一會兒，服務生爲他端來一小碗湯，並親切地說：「如果不夠喝，可以再來一碗。」

林先生只喝了一小碗湯，當然也只需要付一小碗湯的錢。以後再去日本，你說他會選擇到哪一家餐廳用餐？

改變態度，壞事也可以變好事

沒有人喜歡吃虧，但是卻有很多人存心想佔人便宜，光天化日下開黑店，本著就是「來一個坑一個」的想法。

只是，「來一個坑一個」的下場，只會換得「來一個走一個」；短視近利的人，是無法永遠佔便宜的，最後還會因此而吃大虧。

看看那些眞正賺大錢的店家，哪個的商品不是眞材實料，而且服務品質遙遙領先同業？

每個人的眼睛都是雪亮的，最傻的人，才會把別人都當成傻瓜。

別讓小心變成多疑

多疑有時可以讓你遠離陷阱，但是，多疑也容易讓你掉入自己打造的牢籠之中。

俗話說得好：「不聽老人言，吃虧在眼前」，但是也只有一句話，叫做「倚老賣老」；究竟哪些人的話可以相信？哪些人的話不要盡信？

輕易相信別人，你可能會上了別人的當，但是不相信別人，你可能又會以小人之心度君子之腹。人生的每一步，其實都是一種抉擇。

阿彬的家住在山丘上，每天下班後，他都要先搭公車到山下，然後再走一大段崎嶇的山路，才能抵達家門。

有一天，工廠加班趕工，阿彬工作到了深夜，下班後，搭同事的便車到山腳下時，天色漆黑一片。當他走在那段山路上時，突然狂風大作，烏雲密佈，一道閃電打下來，附近的路燈突然熄滅。

此時，阿彬的心情非常緊張，便加快步伐趕路。他越走越快，不知不覺地跑了起來。在倉促間，阿彬突然腳下一滑，整個身子便往下掉……

在千鈞一髮之際，阿彬順手抓住了一根樹枝，驚慌之餘，他把身體的重量全部攀附在樹枝上。四周仍是漆黑一片，阿彬低頭往下看，什麼也看不到。他用雙手緊緊地抓住樹枝不放，深怕一放手，腳下便是無底深淵，自己可能再也見不到明天的太陽了。

阿彬無數次地高呼「救命」，希望能碰到路人，把他救上來。不知道過了多久，他終於聽到上面傳來一個聲音：「年輕人！是不是你在喊救命？」

「是啊！求你好心救救我！」

「你要我救你並不難，但是你一定要相信我！」那個人回答。

「好，我一定相信你！」

「眞的相信？」

「眞的！」

「那好，你就放開你的雙手吧！」

阿彬聽了更加用力地抓緊樹枝，心想現代人眞沒有道德良心，不僅見死不救，還想要落井下石。阿彬大聲咒罵那個想害他的人：「你不安好心，想害死我，我才不會相信你呢！」

那個人聽了，沒說什麼，只是搖搖頭走了。

阿彬繼續抓著樹枝苦撐著，隨著時間流逝，他的手麻了，腳也痠了，全身無力。阿彬終於再也堅持不下去，他的手越來越虛弱，漸漸抓不住樹枝，整個身體像顆球般向下墜落。

「這下子可完了！」阿彬閉緊眼睛，準備迎接死期。但還沒等他叫出口，他的腳便落在堅實的泥土地上。

天終於亮了，阿彬看到那個令他跌落的坑洞，不過是個階梯，他緊緊攀附的樹枝距離地面根本不到兩公尺。阿彬非常懊悔，如果自己能夠相信那個好心的人，不早就轉危爲安了嗎？

改變態度，壞事也可以變好事

多疑有時可以讓你遠離陷阱，但是，多疑也容易讓你掉入自己打造的牢籠之中。惡意就像一層玻璃，當這層玻璃在別人心裡時，你不一定看得到，但是，當這層玻璃擺在你自己心裡時，你透過它，看到的每一件事情都會是負面的。

當別人絞盡腦汁想加害於你時，你無法洞燭機先，預防即將來臨的災難，但是你至少可以褪下自己心房前的那層玻璃，不要讓自己成爲絞盡腦汁，用有色眼光看待別人的人。

這個世界，需要你去「對待」的人很多，但是需要你去「對付」的人並沒有那麼多。

PART 5

找不到方向，就會暈頭轉向

很多時候，我們盲目地尋找解決之道，
卻忘了最大的問題不是答案在哪裡，
而是什麼才是真正的問題。

小心掉入聲東擊西的陷阱

防人之心不可無，當勝利白白送上門來時，可別以為自己佔了便宜；別忘了，只有最後勝利的人，才是真正的贏家。

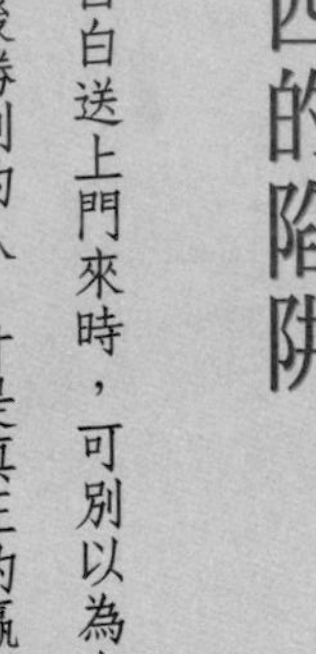

有一種戰略，叫做「聲東擊西」，當敵人建議你抬頭望望藍天時，其實只是想讓你忽略地面上的風吹草動。因此，不要輕信敵人所露出來的「破綻」，那可能只是爲了讓你不疑有他的「陷阱」。

挪威名劇作家易卜生年輕時，曾經非常熱衷工人運動。

有一天，當他正在替工人運動寫一些秘密的聯絡信函時，忽然有一群警察包

圍了他的住宅；吶喊聲夾雜著咚咚的敲門聲，讓人聽了膽顫心驚。

眼看著警察就要破門而入，就算現在把這些機密文件燒掉，恐怕爲時已晚，反而會不打自招，該怎麼辦呢？易卜生心想：「若是警察進來，一定會到處搜索，藏起來也不是辦法。」於是，他強作鎮定，思索如果自己是警察，碰到這樣的情形會怎麼做，便以和警察相反的思考迅速展開行動。

易卜生將所有重要的機密文件，都一一揉成小紙團後，隨意散置在桌椅下、廢紙簍裡，再把一些無關緊要的文件，藏在床底下隱密的一個小盒子中。準備就緒後，易卜生假裝睡意朦朧地去把大門打開。

門一開，警察便衝進來，四處翻箱倒櫃。易卜生假裝驚魂未定，十分惶恐地朝著床底看了幾眼。這些經過嚴格訓練的警察怎麼可能錯過他的眼神，立即改變策略，轉而搜索床底下的每個角落，然後得意洋洋地拿走大批無用的文件，也順便帶走易卜生。

當警察們歡天喜地慶祝人贓俱獲時，易卜生正等著看好戲；他想像著警察們發現那些無用的文件後，從雲端掉到谷底的可笑模樣！

若是警察在床底下找出那些文件後，願意多花幾分鐘時間檢閱一下，也不至於搞出這麼個大烏龍了！

改變態度，壞事也可以變好事

在人生的各項競爭中，是否具備聰明才智，往往是決定勝負的關鍵。因此，平常就得經常鍛鍊自己的腦力，讓才智像太陽一樣發光，如此它才可能成爲你克敵致勝的秘密武器。當事情陷入膠著狀態，你必須用點心機，才能讓它朝自己希望的方向發展。

越明顯的證據，反而越有可能是沾了蜜糖的毒藥，對方讓你輕易得逞，爲的只是阻止你進一步的攻擊。

防人之心不可無，當勝利白白送上門來時，可別以爲自己佔了便宜；別忘了，只有最後勝利的人，才是眞正的贏家。

不要被別人的情緒牽著走

片刻的惱怒往往使人瘋狂，這時若是你讓情緒控制了自己，
那麼，你就失去掌控全局的主導權。

一對父子搭火車出外旅遊，途中有位查票員來驗票，情急之下，父親到處找不到車票，使得查票員口出惡言，怒目相向。

事後，兒子問父親，「剛才爲什麼不還以顏色呢？」

父親笑著回答：「如果這個人可以忍受他自己的脾氣一輩子，我爲什麼不能忍受他幾分鐘呢？」

有一位著名的偶像男歌星，以渾厚低沉的嗓聲和英俊瀟灑的外貌風靡一時，令許多海內外的歌迷都十分爲他傾倒。

有一回，偶像歌星到外地演唱三天，每天早上，他都會接到飯店服務生送來的鮮花，這些鮮花、禮物、卡片對偶像歌星來說已是習以爲常，除了無比的感激之外，他並不以爲意。

沒想到演唱會結束的隔天，當他在餐廳用完早餐準備到櫃台辦理一些手續時，迎面突然來了一個面紅耳赤的男人，握緊雙拳對他大喊：「你是什麼東西？居然搶別人的老婆……」

男人說了一連串不堪入耳的粗話，大廳裡的賓客冷眼旁觀、議論紛紛。偶像歌星則感到莫名其妙，心想追求自己的女人不計其數，他有必要去勾引別人的老婆嗎？

偶像歌星等待男人冷靜下來，一問之下才發現，原來這個男人的妻子，就是每天早上送一大束玫瑰給他的女歌迷。

這名粗魯的男人罵上了癮，不但越說越激動，還動手拉扯偶像歌星的衣袖，糾纏不休。飯店警衛看到這種情況，急忙趕了過來，試圖將這個男人拉開，但是卻被歌星伸手制止了。

歌星微笑著對這個怒氣沖沖的男人說：「這樣好了，我們先靜下心來，上樓到房間裡聊聊吧。」

「去就去，我還怕你不成！」男人氣呼呼地回答。

兩人進到了偶像歌星的房間，房門一打開，房間裡竟然四處擺滿了鮮花，連廁所的角落都不放過。

這時，偶像歌星無奈的聳聳肩，說道：「你說吧，哪一束是你老婆送的？我還給你。」

改變態度，壞事也可以變好事

科爾頓有句名言：「我們憎恨那些人，是因為我們不認識他們；而我們永遠也不會認識他們，因為我們憎恨他們。」

片刻的惱怒往往使人瘋狂，這時若是你讓情緒控制了自己，那麼，你就失去掌控全局的主導權。

大聲的人未必有理，發怒對事情也沒有什麼幫助。不要被別人的情緒牽著走，否則你只會步上他們的後塵；不管遭受到多麼不合理的待遇，能夠控制自己情緒的人，才有道理可言。

世間的是非只為多開口，煩惱皆因強出頭，充滿自信的人因為能控制自己的情緒，忍耐一時的衝動，因此他們的人生旅程，比暴躁易怒的人少了許多狂風暴雨的侵襲。

偏見會造成錯誤的判斷

艾德華．米羅有句名言：「每一個人都是自己經驗牢籠的囚犯。沒有一個人能消弭偏見，重要的是要認清偏見。」

有人說，偏見最能節省時間。因爲它讓你不需費力去尋找眞相，就能迅速建立對這件事情的看法。

很多時候，充滿偏見與冥頑不靈的人並不是緊緊抓住觀念，而是被他自己的觀念緊緊束縛住。

某一天晚上，一位婦女隻身來到機場候機，看一看時間，離飛機起飛還有好幾個小時，因此，她到機場商店裡買到了一本書，順便買了一袋小餅乾，找了個地方準備悠閒的度過這幾個小時。

正當婦人沉浸在書本裡，卻無意中發現，那個坐在她旁邊位子上的男人，竟然如此無禮，大剌剌地從他們中間的袋子裡抓起一塊餅乾，接著放進嘴裡咀嚼得津津有味。

女人假裝沒看見這件事，她可不想爲了一兩塊小餅乾而對人大發雷霆。難道他沒發現她已經發現了嗎？「偷餅賊」對女人投射過去惡意的眼神視而不見，只是自顧自的繼續從袋子裡抓起餅乾往嘴裡塞。

不知道是哪個落後國家的人，居然這麼厚臉皮！女人越想越氣憤，而且像故意刺激她似的，只要她拿起一塊餅乾，他便馬上跟著也拿一塊。

當剩下最後一塊時，那個竊賊的臉上竟浮現出微微的笑意，只見他略帶拘謹的抓起了最後那塊小餅乾，把它從中間分成兩半，然後遞給她半塊，自己吃了另外一半。

女人從竊賊手中搶過半塊餅乾，心想：「這是什麼世界啊！居然有這種事情！

這個傢伙外表看來雖然有點靦腆，但卻真的很無恥，他吃光了我整袋餅乾，卻連一句感謝的話都沒有說！這年頭，難道人們都不知道感激爲何物了嗎？」

當她的航班通知登機時，女人如釋重負地鬆了口氣，她已經不能忍受再和這種人相處任何一分鐘，連忙收拾起自己的行李走向登機口，拒絕回頭看一眼那個「偷竊而且不知感恩的人」。

婦人怒氣未消地登上了飛機以後，找到位子坐好，然後準備繼續讀那本看到一半的書。

當她把手伸進旅行袋時，她的心猛然跳了一下，緊張得幾乎透不過氣來，因爲她摸到了一個圓鼓鼓的東西，正是她剛才買的那一袋餅乾！

原來，那個「厚顏無恥、不知感恩的偷餅賊」不是別人，正是自己！

改變態度，壞事也可以變好事

艾德華．米羅有句名言：「每一個人都是自己經驗牢籠的囚犯。沒有一個人能消弭偏見，重要的是要認清偏見。」

深夜回家的時候，看見對面的房子燈還亮著，有人會認爲這或許是媽媽在哄孩子睡覺，或許是學生在挑燈夜戰。但是，也一定有人會在心裡說：「天哪！這麼晚了，還有人正在偷情！」

我們經常被自己的經驗法則所左右，以致於顚倒是非、指鹿爲馬。

偏見影響人甚鉅，我們不能保證自己不去錯誤的評斷他人，我們只能盡力而爲，在尚未了解一個人之前，別帶著有色眼光看人。

信心來自於細心

不要忽視別人任何一絲反應，最重大的真相，往往都從最細微的反應中觀察出來。

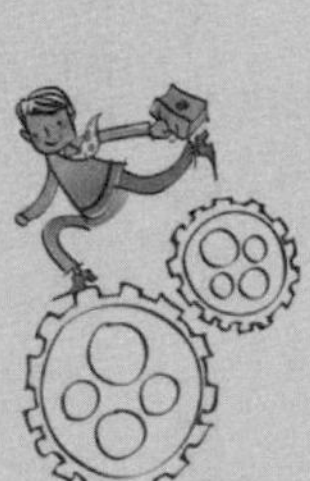

每個人都是對方的一面鏡子，在別人身上投射出自己的樣子。愛因斯坦就曾根據這個觀念，設計一題智力測驗，考驗你的智力，也試探你對人性的了解。

有一個土耳其商人，想要僱用一名得力助手，選了老半天，他從眾多應徵者中挑選出兩位佼佼者，一位是張三，一位是李四。

爲了判定這兩個人到底誰是比較聰明的那一個，這位土耳其商人便讓張三和李四同時進入一間沒有窗戶的密閉房間，房裡除了擺在地上的一個盒子，完全空無一物。

商人指著地上的盒子，對這兩個人說道：「盒子裡有五頂帽子，其中兩頂是紅色的，三頂是黑色的。待會我把電燈關上後，我們三個人要摸黑從盒子裡，一人摸出一頂帽子戴在頭上；戴好帽子並打開燈之後，你們要迅速地說出自己所戴帽子的顏色，哪一位最先說出正確答案，我就聘請他作爲我的助手。」

燈關上了又打開之後，張三和李四都看到土耳其商人頭上戴的是一頂紅色的帽子；二個人互相看了看對方，都遲疑地不敢說出自己頭上的帽子是什麼顏色。

忽然，李四靈光乍現，大叫一聲：「我戴的是黑色的帽子！」

李四因而得到這分夢寐以求的工作。

想想看，李四眼睛又不是長在頭頂上，他是如何得知答案的呢？

原理其實很簡單，土耳其商人頭上戴的是紅帽子，那就表示還剩下一頂紅帽子和三頂黑帽子。如果對方頭上戴的也是紅帽子，不就可以馬上推知自己所戴的是黑帽子。

但是，當兩人看到對方的帽子時，卻都遲疑著不敢開口。李四由此得知，張三的遲疑一定也和自己有相同的理由，如果自己頭上戴的是紅色帽子，張三又怎麼會遲疑呢？

因此，李四從對方的反應中得知正確答案。

改變態度，壞事也可以變好事

不要忽視別人任何一絲反應，因爲最重大的眞相，往往都是從最細微的反應中觀察出來。

人是最擅長僞裝的動物，但偏偏人內心深處的眞實想法，卻常常不經意地透過肢體動作表現出來。

從肢體語言，我們可以迅速研判出對方是怎樣的人，只要多加觀察周遭人物的肢體動作，久而久之就能推測出他們最眞實的心理狀態。

愛默生曾說：「當眼睛說著一個意思，而舌頭說著另一個意思，有經驗的人會相信眼睛表達出來的意思。」

反過來說，會出賣你的，也通常是你自己最細微的小動作。

智慧的累積靠的不是天分，而是細心，當每一件小事都能成爲你的課本，你還擔心自己學不到東西嗎？

失去理智就會原形畢露

對付鬼祟的小人，你不必和他針鋒相對，只要藉機製造恐慌、憤怒，或是得意忘形的感覺，對方自然會原形畢露。

聰明的人都知道，千萬不要和小人正面衝突；有時教訓對方不成，還很有可能被反咬一口，留下無窮的後患。

正面衝突的代價太大了，對付「非常小人」，需要運用一些「非常手段」，才能神不知鬼不覺地除之而後快。

一位科技公司的總經理，長期以來，一直懷疑採購部門的主管和國外一些原料的廠商互相勾結，因爲，他發現公司採購回來的原料不僅比別家貴，品質也遠遠不如別家好，裡面一定大有問題。

雖然總經理直覺感到不對勁，但是又沒有確實的證據可以糾舉，直接去問當事人，只會打草驚蛇。要是他來個死不承認，別人又能拿他怎麼樣呢？

一天早上，該採購主任才剛進到辦公室，準備開始工作，但是，當他打開抽屜，沒多久便匆匆忙忙帶著公事包外出。接下來的幾天，他都沒有出現在辦公室。

按照公司規定，如果員工曠職多日，公司可以「曠職未到」爲理由，予以解聘。奇怪的是，總經理對這位員工的失職非但不生氣，還笑著將大筆一揮，在人事部呈上來的公文上批了「曠職解聘」這四個斗大的字。

這到底是怎麼回事呢？

原來，那天早上，採購主任一上班，便在自己的抽屜裡發現一封從國外寄來的不具名限時郵件，信上寫著：「事跡已經敗露，請小心。」

接著，他發現自己的文件有被人搜過的跡象，文具擺設的位置也與先前不太相同；當他抬起頭來，又心虛地覺得總經理不時投過來懷疑的眼神，而且還經常找機會在自己桌子前面走來走去。

東窗事發了，還是先溜爲上，採購主任心一慌，就趁著大家不注意時，抓了公事包故作鎮定地往外跑，什麼也沒帶走。

事後，當他冷靜下來，想要和國外廠商求證是誰發的信，也因爲缺乏資料而無法聯絡了。

至於那封郵件到底是誰寄來的？

看看總經理詭譎的笑容，你應該明白了吧！

改變態度，壞事也可以變好事

在這個爾虞我詐的商業社會裡，奸巧和權謀並不少見。不論做什麼事都要多留一點心眼，千萬別天真地以爲別人口中的「好」就一定你認爲的「好」，否則，當你被出賣、被陷害時候，就只能欲哭無淚了。

尤其是經營事業之時，更要步步爲營，半點也馬虎不得。

英國知名童話作家王爾德說過：「人是理智的動物，只有在失去理智時，才會說出真話。」

對付鬼祟的小人，你不必和他針鋒相對，只要藉機製造恐慌、憤怒，或是得意忘形的感覺，對方自然會失去理智，原形畢露。

因此，雖然我們不必做小人，也要以此爲戒，當事情不太對勁，或是看到別人虎視眈眈的眼神時，可別先急著「自曝馬腳」；不妨冷靜下來，從長計議。

算計你的固然是別人，但是最後出賣你的卻往往是自己。

找不到方向，就會暈頭轉向

很多時候，我們盲目地尋找解決之道，卻忘了最大的問題不是答案在哪裡，而是什麼才是真正的問題。

數學問題不外乎是傳達一個「邏輯」觀念，想知道鼎鼎大名的科學家愛因斯坦如何讓學生把邏輯觀念落實在生活中的嗎？

課堂上，愛因斯坦給學生出了一個題目：「有兩位工人一起修理一座老舊的煙囪，當他們兩人從煙囪裡爬出來時，其中一位很乾淨，另一位卻滿臉滿身都是煤灰。請你們猜猜看，這兩個人之中，誰會去洗澡呢？」

一位學生回答：「當然是那位滿身是灰的工人會去洗澡嘍！」

愛因斯坦說：「是這樣嗎？請你們再仔細想想，乾淨的工人看見另一位滿身滿臉都是煤灰，他會覺得從煙囪裡爬出來眞是骯髒；另外一位，看到對方身上很乾淨，自然就會以爲自己也很乾淨。現在，我再問你們，誰才是會去洗澡的那個人呢？」

另一位學生從老師的話中聽出端倪，興奮地說：「喔！原來如此！乾淨的工人看到骯髒的工人時，覺得自己必然也和對方一樣髒。但是骯髒的工人看到乾淨的工人時，卻覺得自己並不髒啊！所以，跑去洗澡的一定是那位乾淨的工人。」

愛因斯坦環視其他的學生，所有學生似乎都非常同意這個答案。愛因斯坦並沒有宣佈這個答案是對是錯，他慢條斯理地說：「那麼！請你們再想一想，這兩個人一起進到煙囪工作，又同時從老舊的煙囪裡爬出來，怎麼可能一個是髒的，另一個卻是乾淨的呢？這就叫做邏輯啊！」

問題不一定有答案，卻必須有邏輯。

很多時候，我們盲目地尋找解決之道，卻忘了最大的問題不是答案在哪裡，而是什麼才是眞正的問題。

沒有邏輯觀念的人，一旦被別人「模糊焦點」，就會失去方向，像隻無頭蒼蠅般忙得暈頭轉向。

不要因爲覺得麻煩而厭倦思考，因爲只有不停地思考，才會有不斷的進步。

眞正的答案往往不在你眼前，而在你心裡。

用別人的長處為自己加分

真正的強者，他本身不一定是最強，但是他懂得利用別人的長處，讓自己變得比別人強。

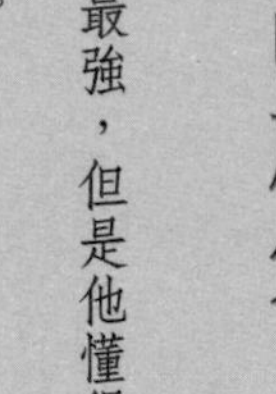

人的才智有限，但是天地萬物的可能性卻是無限。

大自然是最好的寶藏，其中蘊含著無數的奧秘；世界上沒有不可能的事，人類所做不到的，大自然可以替你實現。

話說當時唐太宗爲了「和蕃」，把文成公主下嫁吐蕃王松贊干布。但是文成公主艷名遠播，在決定把公主嫁給誰之前，曾經有來自各地的少數民族使者，想

要和吐蕃王松贊干布派來的使者祿東贊一爭長短，請求唐太宗將文成公主嫁給他們的國君。

唐太宗十分爲難，爲了公平起見，他出了幾道難題讓競爭者比賽，贏的人就可以把公主娶回自己的國家。首先，太監拿來一顆孔內有九道彎曲的「九曲明珠」，要讓大家分別用一根纖細的絲線穿過去。

使者們不停地試驗，試到手都打顫了，絲線仍然穿不過去。

這時，只見祿東贊找人捉來了一隻螞蟻，將絲線輕輕地繫在螞蟻身上，再將螞蟻放入珠子的孔內，並在另一端的孔外抹上一些蜜糖。這個方法果然奏效，很快地，螞蟻就由這一端爬到另一端，順利將絲線貫穿整顆珠子。

接著，太監將眾使者帶到馬廄裡，馬廄的兩邊各關著一百匹母馬和一百匹出生沒多久的小馬。這一題可麻煩了，太監要使者們輪流辨認出每一匹小馬的媽媽。使者把柵欄打開，讓小馬和母馬混在一起，但這個方法似乎並不見效，因爲母馬看也不看小馬一眼，小馬也自顧自地玩耍。許多使者只好根據馬兒身上的花紋隨便將他們配對，結果當然是徒勞無功。

輪到祿東贊時，只見他要僕役把小馬關上一天，不給任何食物及水。

到了第二天，祿東贊叫僕役打開柵欄，飢腸轆轆的小馬便紛紛奔向自己的媽媽找奶吃。於是，祿東贊又輕易地通過了這關，爲年輕的吐蕃君王松贊干布娶回了大唐的文成公主。

改變態度，壞事也可以變好事

祿東贊不勉力而爲，而是借力使力，運用動物的本能來完成目標。他也許沒有過人的本事，卻因爲善用資源、頭腦靈活而擊敗其他對手，終於達成使命。

社會這麼大，你不可能集所有本領於一身，但是你可以借助別人的本領，使它成爲自己的資源。

「三個臭皮匠，勝過一個諸葛亮」；眞正的強者，他本身不一定是最強；但是他懂得利用別人的長處，讓自己變得比別人強。

關鍵時刻更要膽大心細

適度小心是有必要，但過度疑慮反易壞事。這時膽大心細便很重要，如此，便能做出正確的判斷，而不致錯失時機。

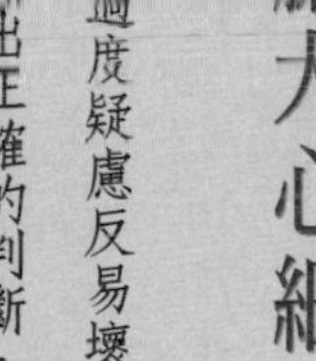

莎士比亞曾經說過：「適度的疑慮，是保護自己的明燈，也是預防上當受騙的良方。」

但是，過度的疑慮，有時是使你畏首畏尾的毒瘤，也是讓你錯失大好機會的絆腳石。

南北朝時期，有一名劉宋的大將名叫檀道濟，奉命率軍攻打北魏，戰事十分順利，屢戰皆捷。

沒想到，當他一路攻打到歷城時，才發現軍隊的糧餉幾乎告罄。在前有敵兵、後援不繼的情況下，檀道濟無計可施，只好宣佈退兵，一時之間軍心大亂。

檀道濟退兵的行動引起敵軍的疑心，自然會想到對方是否因斷了後援才退兵。檀道濟有先見之明，非常擔心敵軍會落井下石、乘機追擊。

在這種危急的情況下，檀道濟日夜苦思如何才能全身而退。

當天晚上，魏軍的探子回報，檀道濟所率領的宋軍連夜以斗量米，並且大聲報數，似乎糧食充足、不虞匱乏。天亮之後，探子又報，宋國軍營旁邊堆放著大批米糧，可見他的米糧的確充足。

得知宋軍並沒有任何後顧之憂，當他們退兵時，魏軍自然不敢輕舉妄動，只能遠遠地看著宋軍精神抖擻地緩緩移動。

檀道濟將軍本人一派悠閒地坐在車內，從容地率領著隊伍前進。魏軍看到敵人一副顧盼自雄、志滿意得的樣子，更加不敢下令追趕，宋軍於是得以順利退兵。

究竟檀道濟使出什麼樣的法寶呢？

原來檀道濟命令士兵們在夜間以斗量沙，大聲報數；趁著夜色昏暗，讓魏軍的探子信以爲眞，以爲那一堆堆的沙子是白米。到了白天，再將僅剩的米全都鋪在沙子上面，更讓對方深信不疑。

退兵時，檀道濟命令全體士兵打起精神，自己則行進在隊伍前面，談笑風生、悠遊自得。敵軍看了自然以爲其中有詐，不敢追擊。

其實，宋軍們個個都已經餓得飢腸轆轆，只是勉強支持，合力上演了這一齣好戲而已。

改變態度，壞事也可以變好事

所謂的聰明機智，就是發現不同事物之間的相似之處，以及發現相似事物之間的差異。二十一世紀是個複雜多變的戰場，每天都進行著激烈的廝殺。在瞬息萬變的人生戰場上，每個人都應該設法讓自己聰明一點，同時也得留意對方使出的各種「戰術」。

若是魏軍肯進一步求證，識破宋軍「此地無銀三百兩」的詭計，又怎麼會有如此放處歸山的憾事呢？

可見適度小心是有必要，但過度疑慮反易壞事。這時，膽大心細便很重要，大膽假設有狀況，然後小心求證，檢驗是否眞有其事，如此，便能做出正確的判斷，而不致錯失時機。

努力地往前看，因為未來就在前方

只要我們懂得珍惜殘缺人生中難得的擁有，那麼不管我們歷經多少不幸，我們都能感受辛苦中的甘甜滋味。

不斷地回想過去，我們能改變多少已發生的事實呢？

反覆地抱怨昨天的是是非非，事情又有多大的扭轉空間？

生活只有不斷地往前進，沒有太多的後退空間，我們唯有面對未來，努力地往前踏進，然後才能扭轉昨天鑄成的錯誤。

有兩個背景相似的亞洲孤兒，分別被歐洲人收養，在養父母悉心照顧下，他們不僅接受了完善的教育機會，更有安穩且幸運的未來。

但是，無論上帝給予人們多少的機會，總是會有人感到不滿足。這對幸運被收養的孤兒，如今都已來到中年，一個是位四十出頭的成功商人，另一位則是在校園裡教書。

有一天，兩個老朋友相約聚餐，在燭光下，他們很快地便進入外國生活的話題，然而不久之後，那位老師卻又進入了記憶裡的悲傷角落。

他回想著自己：「想起養父母當初帶我到遙遠的歐洲來，心中的孤獨有多少人知道，我是個可憐的孤兒，這段過去讓我十分痛苦。」

隨著他的怨氣越來越沉重，同是孤兒的商人朋友不禁感到厭煩，於是忍不住揮了揮手說：「夠了，你說完了嗎？別一直說自己的不幸，你有沒有想過，如果當初養父母在上千位孩兒中挑中別人，今天的你會在哪裡？」

這位老師不以爲然地說：「你知道什麼？我不開心的原因是在……」

接著，他又將過去不公平的待遇再次陳述了一次。

商人朋友聽完之後，搖了搖頭說：「我眞不敢相信，你到現在還這麼想！記得我二十五歲時，也像你一般，無法忍受周遭一切人事物，而且痛恨世界上的每一個人。總之，那時好像所有的人都故意要與我作對一般。在傷心且無奈的情緒下，我每天都極其沮喪地過日子，那時的我和現在的你一般，心中充滿了怨懟與仇恨。」

「但是，那又如何？」商人輕輕地吸了口氣，接著又說：「幸好，我很快地找到了喘息的空間，我想勸你，別在那樣對待你自己了！認眞地想一想，其實我們很幸運，至少你沒有像眞正的孤兒那般悲慘一生，看看你自己，接受了那麼多的教育機會，也得到了那麼好的生活資源，這些擁有難道不足以讓你感到滿足與珍惜嗎？」

商人緩了緩自己的情緒後說：「我們現在有許多該做的事，首先是，不再自怨自艾，不再找藉口哭泣，而是要積極地幫助與我們遭遇相同的孤兒們，也能像我們一般，擁有自己的天空，也擁有幸福的明天。還有，只要你能擺脫顧影自憐的情緒，你便會發現自己有多麼幸運，然後你也會像我一般，獲得你想要的成功結果。」

教師聽見商人朋友直斥自己之非，心頭確實一震，卻也因此震醒了他幾十年來的錯誤心態。

當友人打斷他悲慘的回憶同時，他也搬開了生活中的大石頭。

只見身爲教師的他，認真地點了點頭，說：「嗯，我明白了！我確實該重新選擇明天要走的路。」

改變態度，壞事也可以變好事

沒有人能擁有十全十美的生活，但是只要我們心中充滿了十全十美的「滿足感」，那麼我們便已經擁有最富裕的人生了。

讀著故事中兩個人的生命態度，我們也領悟出一件事：「生活的幸福感是自己給自己的。」

只要我們能像知足的商人一樣，懂得生命中無法完美的另一種美，也懂得珍惜殘缺人生中難得的擁有，那麼不管我們歷經多少不幸，我們都能感受辛苦中的甘甜滋味。

當商人認真地糾正教師的心態，糾正他錯誤的埋怨情緒時，你是否也忍不住重新思考自己的人生態度呢？

過去的終究已經過去，今天如果你已幸福地擁有一切，那麼只需記住眼前幸福，並珍惜擁有。

PART 6

埋怨越少，成功越早

叫嚷著不公平的人，一輩子也不會覺得公平，
因為現實人生本來就不公平，再怎麼埋怨，
也無法使世界變得更合理。

關懷，就是最好的養分

名利不過是人生旅途中的一些點綴，生不帶來死不帶去，卻令大部分人用盡一生追求，直到臨別揮手時才捨得放下。

直到我們年歲漸長，老到有足夠的智慧時，我們才又重新變回一個小孩，擁有最初最純淨的心靈。

人生最重要的東西究竟是什麼呢？是名利與權位嗎？讓我們看看在一家醫院裡所做的兩個調查。

其中，一個調查是在育嬰室，院方想明瞭，對小生命們來說，最重要的東西是什麼。實驗人員隨機挑了兩組嬰兒，給予他們同樣的生活條件和飲食，唯一不同的地方是，第一組嬰兒每天被大人們抱起來愛撫三次，每次十分鐘；第二組嬰兒則孤伶伶地待在搖籃裡，沒有任何撫慰。

經過一段時間之後，他們赫然發現，第一組嬰兒的體重增加速度，遠遠高於第二組嬰兒整整一倍之多。對初生的嬰兒來說，關懷就是最好的養分，他們剛來到這個世界，渴求的只是一個充滿感情的擁抱。

另外一個調查是在加護病房，他們詢問每一個臨終病人，即將走到生命的終站時，最想向家人說些什麼。

調查的結果，沒有人說：「要是我當上總統就好了。」

也沒有人說：「要是我能中樂透，成爲億萬富翁就好了。」

沒有一個人向家人說：「記得把我的房子和存摺照顧好。」

絕大多數的人會說：「請幫我照顧好孩子，照顧好我的家人。」

原來，生命的開始和盡頭，對我們最重要的，不是鏡花水月般的身外之物，只不過是人與人之間的感情而已。

名利不過是人生旅途中的一些點綴，生不帶來死不帶去，卻令大部分人用盡一生追求，直到臨別揮手時才捨得放下。

改變態度，壞事也可以變好事

《小王子》故事裡面有一個生意人，每天都在做一件自認爲「很要緊」的事，不眠不休地數著天上的星星，並且從這件枯燥乏味的事情中得到莫大的滿足。他覺得星星就是他的財富，是他生命的全部，於是小王子好奇地問他：「你拿這些星星做什麼？」

他說：「不做什麼，我只是擁有它們。」

這就是古怪的大人啊！

我們從滿足自己的慾望中得到快樂，絲毫不理會這些慾望是不是眞的有存在的必要。直到我們走過人生的風風雨雨，勘破世間各種夢幻泡影，才能璞歸眞，只是，此時離生命的終點已經不遠了。

別讓出身決定自己的命運

平凡如我們，既然不能改變自己的出身，那麼唯一的選擇，
就是拼命地為自己努力，成就不平凡的春天。

也許，你沒有顯赫的家世背景，沒有令人羨慕的耀眼學歷，更沒有富可敵國的老爸，但是，只要你肯盡心盡力，將每個挫折都當作成功的起點，就算你目前是個的普通小人物，照樣可以創造出傲人的奇蹟。

俗話說「英雄不怕出身低」，爲的是打破根植人心的階級意識，如果你能讓自己變成美麗的天鵝，誰還在乎你原本只是個醜小鴨？

美國第十六屆總統亞伯拉罕．林肯出身於鞋匠世家。

當時的美國社會還存在著濃厚的階級主義，思想相當封閉，特別看重一個人的出身和門第。

身爲一個鞋匠的兒子，林肯彷彿天生就比別人矮了那麼一截，時常受到別人的輕視。

參加總統大選前夕，在參議院發表演說時，他曾經遭到一個參議員當眾羞辱，批評他出身低微，沒有資格出來參選。

不過，林肯面對他的惡意攻擊，並沒有還以顏色，只是心平氣和地的說：「我非常感謝你令我想起我親愛的父親，雖然他已不在人世，但是我仍然很想念他；而且我知道，即使我當上了總統，也無法像我當鞋匠的父親那樣的偉大。」

林肯的話使參議院陷入了一陣沈默之中，眾人低頭不語，安靜得連地上掉了一根針都聽得到。

林肯繼續對那位侮辱他的參議員說：「據我所知，我的父親曾經爲你及你的家人做過鞋子，如果你覺得鞋子不合腳，我或許可以用從父親那裡學來的技術替你修改。」

接著，林肯放大聲量，轉頭對在座的所有參議員說：「如果在座有哪位腳上穿的鞋子是由我父親做的，若是穿得不合腳，我可以幫助各位做一些修改，但是我得先聲明，我永遠無法把它們做得像我父親那麼好。」

林肯的聲音微微顫抖，邊說邊流下眞摯的眼淚，令在場的參議員們也紅了眼眶，不禁開始深刻地反省：世界上還有哪一種身分，是比「父母親」更偉大的？

嘲笑的聲音漸漸變成了掌聲，林肯後來也如願地當上了總統。

改變態度，壞事也可以變好事

眞正可憐的，是那些永遠不敢成爲英雄的醜小鴨，因爲，他們認爲自己的出身便決定了自己的命運。

其實，只要你願意，有什麼是不可能的呢？

出身貧賤註定就要比別人付出多十倍的努力，如果可以選擇，誰不想生長在一個富裕的家庭，或是當大財閥的親戚？

但是，平凡如我們，既然不能改變自己的出身，那麼唯一的選擇，就是拼命地爲自己努力。

成就的光環沒有階級之別，平凡的小人物只要肯盡力創造奇蹟，當然也能擁有不平凡的春天。

挖空心思，就會有更多收入

只要加上一點點小技巧，結果就會有大大的不同。只要跳脫舊有的模式，即使是老產品，也能重新吸引人們的注意。

不要覺得生意人很奸詐，他們只是比平常人更洞悉人性而已。商人們挖空心思、花招百出，無非是爲了賺更多錢，只要取之有道，又有何不可呢？

有一家專門生產牙膏的公司，牙膏品質好、包裝佳，市場佔有率很高，非常受消費者的歡迎。

從創立之後，公司的營業額連續十年不斷地向上攀升，每年增長的幅度都在百分之十至百分之二十，是一個不容小覷的優質企業。

但是，到了第十二年，市場已經趨於飽和，該公司的業績也開始出現停滯的現象，之後的兩年甚至呈現負成長。

公司總裁察覺事態嚴重，必須馬上挽回頹勢，便立即召開緊急會議，與公司主管們共同商討對策。

會議中，公司總裁爲了鼓勵員工們積極參與，便大方地向在座的所有人員承諾說：「只要誰能夠想出好的應變策略，可以讓公司的業績增長，我馬上重賞十萬元獎金。」

此時，有位新上任的年輕經理站起來，遞給總裁一張紙條。總裁打開紙條讀過一遍之後，笑容漸漸浮現在臉上，而且馬上起身開了一張十萬元的支票給這位經理。

究竟這位年輕經理在紙條上寫了些什麼呢？

紙條上頭只寫了一句話：把現在牙膏的開口擴大一毫米。

多麼簡單的一個辦法！卻是增加銷售量有效的靈丹妙藥。

消費者每天早晚刷牙都有一定的習慣，擠牙膏的長度受習慣所支配，不會輕易加長或縮短，但是只要牙膏的開口擴大一毫米，消費者就會在不知不覺中多用一毫米寬的牙膏。

全世界的消費者這麼多，如果每個人每天多用了一點點，那麼每天牙膏的消耗量將會增加多少呢？

這眞是個絕妙的點子！公司總裁立即下令更換牙膏的包裝，到了第十五年，公司的營業額果然急速上升，而且增加了百分之三十，這項成績全都歸功於他們亮麗的「新包裝」。

改變態度，壞事也可以變好事

看了前面這則故事，你終於了解爲什麼市面上的產品總是喜歡每過一段時日就更換包裝了吧！

每一次改變，其實都暗藏著消費者不了解的玄機。

做生意的法則萬變不離其宗，那就是絞盡腦汁讓消費者心甘情願掏出錢來購買自己的產品。

只要加上一點點小技巧，結果就會有大大的不同。

「換湯不換藥」、「舊瓶裝新酒」這些都是百戰百勝的行銷手法，因爲它符合了人們喜新厭舊的天性，只要跳脫舊有的思維模式，即使是老產品，也能重新吸引人們的注意。

找出獨到之處，肯定自我價值

想要改變自己的自卑傾向，必須先找出自己比別人優秀的獨到之處，生活才不會過得那麼痛苦。

肯定自己的獨到之處，你就能找到自己存在的價值，坦然接受自己的不完美之後，你才能找到超越別人的優點。

美國的種族歧視是長期以來根深柢固的問題，不是幾句口號或幾次遊行就可以輕易改變的。黑人承受的鄙視、遭受的侮辱，多到不少黑人不由得懷疑自己的存在價值。

威爾正是一位這樣的黑人孤兒，自小無父無母，曾經輾轉被人收養了十五次。在他的成長過程中，只知道自己的名字叫做「孤兒」，自己的身分就叫做「黑鬼」，幾乎已經忘了自己也有名字，以及自己也可以擁有夢想。

直到長大以後，有一次，他偶然間遇見了教會裡的一位牧師，從此徹底改變了他的人生。

牧師發現這位年輕人心中隱藏著很強烈的自卑感，不但走路時不曾抬頭挺胸，說話時目光也不敢直視別人，總是一副若有所思的模樣，令人不想靠近。因此，牧師主動和他做了朋友，想爲他解決這個問題。

牧師的善意，威爾當然銘記於心，十分感激，不過他告訴牧師說：「我是一個黑人，是奴隸的子孫，這是改變不了的事實，黑人註定就是要被人看不起的。」

牧師的笑容像春天的陽光一般和煦，他告訴威爾說：「你錯了，黑人也有很優秀的地方。」

威爾的眼睛迷惑地瞇了起來，牧師繼續說：「包括你在內，所有美國黑人的祖先都是來自非洲，你們是非洲所有的子孫中還能在美國繼續生存下來的，所以你應該以自己的血統爲榮。如果你們不夠堅強，早就像其他那些弱者一樣，還沒有離開非洲之前，就死在船上或森林裡了。你們之所以能繼續存活，是因爲你們有知識、有才能，又懂得團結合作，這些都是成爲一個強者的條件，所以在美國的黑人比任何種族都來得優秀，而且這種優秀的血統會一直流傳下去。」

威爾點了點頭，有生以來他第一次以身爲一個黑人爲傲！

他終於找到了自己人生的方向，經過幾年的努力之後，他取得了醫學博士學位，當上了醫生。而且，他完全克服了自卑，因爲他知道，除了自己的心態，沒有任何事情可以難得倒他。

改變態度，壞事也可以變好事

想要改變自己的自卑傾向，必須先找出自己比別人優秀的獨到之處，生活才不會過得那麼痛苦。

但是，如果你相信自己是最優秀的，那麼你就大錯特錯了！因爲，事實擺在眼前，明明還有別人比我們優秀，我們又何必欺騙自己，像鴕鳥一樣把頭埋進沙堆，一廂情願地相信自己是最優秀的呢？

你應該理性地告訴自己：「我雖然不是最優秀的，但是我卻是獨一無二的！」沒有人能夠和你一模一樣，連你的腳趾頭、手指頭都與眾不同，全世界再也找不出第二個你，因爲你就是唯一的。

找到獨到之處，你就會肯定自我的價值。

想登峰造極，就時時刺激自己

好不容易否極泰來、登峰造極，你反而頓失所依，渾身不自在。因為你缺少了馬蠅的刺激，失去了鞭策自己繼續向前的動力。

一個人最孤寂的時候，就是當你到達人生的頂點，不再有任何對手和你糾纏不清的時候。

少了那隻整天圍著你轉的馬蠅，你不知道自己是否要繼續跑？爲什麼還要跑？有沒有力氣再向前跑？

一八六〇年，美國總統大選終於塵埃落定，林肯確定當選總統了。不過，出乎大家意料之外的是，林肯竟然任命參選總統時的競爭對手參議員薩蒙·蔡斯爲財政部長。

許多人都勸林肯收回這一項任命，重新考慮其他優秀的人選，因爲薩蒙雖然很能幹，但是心比天高，爲人十分驕傲自大。

他在總統競選中輸給了林肯，事後卻毫無風度地向媒體放話，表示對林肯的不滿，認爲自己比林肯還要厲害許多。落選絲毫沒有削弱薩蒙的氣勢，他仍然像往常一樣，大言不慚地對著總統的位置流口水，這種不懂得該在適當時候閉嘴的人，肯定會爲林肯帶來不少麻煩。

林肯聽了大家的建議，卻絲毫沒有動搖他的決定。

他對關心他的朋友講了這樣的一個小故事：「在農村生活過的人一定知道什麼是馬蠅吧！我記得有一次，我和我的弟弟在肯塔基老家的一個農場犁田，我牽馬，他扶犁，那天天氣很熱，那匹馬顯得懶洋洋的，一步一步慢吞吞地走著。誰知突然間，牠卻跑得像飛的一樣快，連我都差點追不上，等到我終於接近牠時，這才發現有一隻很大的馬蠅正在叮牠，我順手一拍，就把馬蠅打落了。這時我弟弟問：『爲什麼要打落馬蠅？正是這個傢伙才能使馬跑得這麼快啊！』」

林肯接著說道：「因此，我學到了一課，如果現在有一隻叫做『想當總統』的馬蠅正在叮著薩蒙先生，只要牠能使他和他的團隊不停向前跑，跑得比平時更快，那我又何必打落牠呢？」

其實，對林肯來說，薩蒙．蔡斯又何嘗不是一隻叮得自己奮力向前飛奔的馬蠅呢？

改變態度，壞事也可以變好事

法國文豪羅曼羅蘭曾經說：「只有把抱怨環境的心情，化作奮發向上的力量，才是成功的保障。」

對意志堅強的人而言，壯志與熱情是夢想的羽翼，自信與堅韌是成功的階梯；對於普通人來說，想讓自己登峰造極，有時候就得找幾隻討厭的「馬蠅」，時時刺激自己。

人生最荒涼的就是功成名就，缺少敵人的時候了。

一直以來，都是周遭那些討厭的馬蠅在刺激你奮發向上，現在好不容易否極泰來、登峰造極，你反而頓失所依，渾身不自在。

這是因爲你缺少了馬蠅的叮擾和刺激，失去了鞭策自己繼續向前衝刺的動力。

從前是馬蠅追著你跑，成功之後，想要繼續保持眼前的成果，那就輪到你去追著馬蠅跑了！

愛，有時只是一種手段

愛是一層糖衣，任何東西只要加上一層愛的裹覆，就連砒霜溶於口舌之時，也可以變得甜蜜。

愛，可以是真摯的情感，但對「有心人」而言，卻也可以是一種手段。最可怕的一種人性不是「邪惡」，而是「僞善」；看不見的危險，才是最令人恐懼的地方。

美國有位獨居老人孑然一身，沒有妻子兒女，年邁衰老又體弱多病，因爲缺乏家人照料，最後不得不考慮住進養老院。

爲了負擔養老院的費用，他只好忍痛出售自己現在居住的漂亮房子，變換現金來渡過餘生。

這棟漂亮的別墅十分寬敞舒適，而且交通方便，因而吸引了眾多有意購買的人前來洽詢。

「瞧瞧屋前這片綠油油的草地，正好適合一家人一起野餐！」

「屋裡的設計、裝潢全是大師的傑作，住在這裡，生活可以愜意得像個藝術家。」

來看房子的人都對這棟房子讚不絕口，於是房子的身價隨著眾人的蜂擁而至一翻再翻，價格不斷攀升。

老人對這樣的情況完全沒有一絲喜悅，只有無限感慨。想想自己在這棟房子裡渡過了大半生，每個角落都有自己青春歲月的回憶，要不是近年身體狀況不佳，是絕對捨不得賣掉自己心愛家園的。

越多人對這棟房子表現出喜愛，只是提醒自己即將割愛，提醒自己人生就是有這麼多的無奈而已。

老先生始終猶豫不決，不曉得究竟哪位才是最適合這棟房子的買主，直到有一天，一位衣著樸素的青年來到老人面前。

他誠懇地對老人說：「老伯伯，我也很想買這幢房子，可是我的錢沒有那麼多。」

老人沒有說什麼，年輕人接著說：「不過，如果你肯把房子賣給我，我希望你可以繼續生活在這棟房子裡，我會每天陪伴你一起喝茶，一起散步，我會盡我所能照顧你的。」

年輕人握著老人的手，表情真摯，你認為老人會不會把房子賣給他呢？

改變態度，壞事也可以變好事

愛是一層糖衣，任何東西只要加上一層愛的裏覆，就連砒霜溶於口舌之時，也可以變得甜蜜。

也許這個年輕人是真的想陪伴這位老人渡過餘生，但是在今日的社會裡，這樣的舉動實在令人不得不懷疑。

說不定，這個年輕人的眞實目的只是爲了以低廉的價錢得到這棟房子，老人是他過河的橋樑，愛心是裝飾河面的燈火，過了河以後，結局會不會是橋拆了，燈滅了？

這樣的擔憂，或許比較負面，抹煞了人性中良善的一面，但是，殘酷的現實社會裡，不就充斥著這類虛僞狡詐的「愛心」嗎？

猶豫會讓你失去先機

在靈光乍現時，把握機會舞動你的生命吧！只怕你稍有一點遲疑，花火便熄滅了，一切後悔其實都是你自找的。

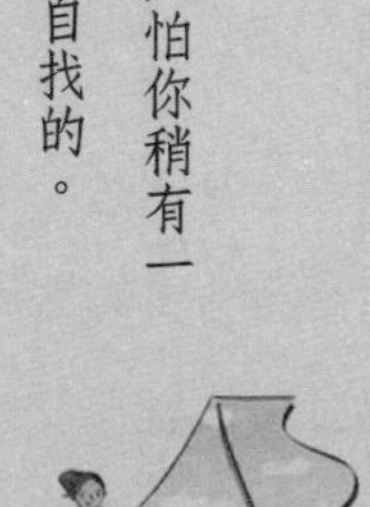

三思而後行是正確的，但是太多的猶豫卻往往只會讓你慢人一拍，別人搶得先機，而你才姍姍來遲。

生命當中那些可以避免的懊悔，不就是猶豫不決造成的？

一個小男孩在外面坑耍時，發現一個鳥巢被大風吹到地上，鳥巢裡滾出了一隻小麻雀。

小麻雀嬌小玲瓏，不及手掌般大，初生的羽毛還沒長全，闔著的眼睛看起來楚楚可憐、弱不禁風。鳥媽媽在哪裡呢？小男孩看了看四周，完全找不到鳥媽媽的蹤影，眼看著天就要黑了，若是把這隻流離失所的孤鳥留在這裡，說不定今天晚上就不幸夭折了。

於是，小男孩決定把這隻小麻雀帶回家飼養，要為這個脆弱的小生命建造一個世界上最溫暖的家。

一路上他蹦蹦跳跳，掩飾不住自己雀躍的心情。小男孩小心翼翼地把這個新朋友保護在懷裡，不過，當他走到家門口，忽然想起媽媽曾經說過家裡不准養小動物，所以放慢了腳步。

思考了一會兒，他把小麻雀輕輕地放在門口的地板上，自己急急忙忙地走進屋裡去請求媽媽。

費盡了九牛二虎之力，在他的口水攻勢與眼淚策略之下，媽媽終於勉強地點頭同意了。

好不容易得到了母親允許，小男孩非常興奮地跑回門口，但是左看右看，卻始終看不到小麻雀的影子，只看見一隻大黑貓正滿臉得意，意猶未盡地舔著嘴巴。

小男孩「嘩」一聲大哭了起來，整個晚上輾轉難眠，傷心極了。但他同時也學到了一件事情：凡是決心要做的事情，就要及時去做，並且堅持到底，絕對不可以優柔寡斷！

從此以後，這個小男孩無論做任何事都秉持著這種精神，長大以後果然成就了一番事業，他就是叱吒一時的電腦名人——王安博士。

改變態度，壞事也可以變好事

科學赫胥黎說過一段話，值得我們深思，他說：「一個人的失敗，往往不是受到外在環境的影響，而是受自己的習慣和思想的恐嚇。」

日常生活中，我們不也經常遭遇類似的情節嗎？

只是，我們通常沒從這些過往的教訓中要求自己改變，而是一味因循苟且，讓相同的劇情重複上演。

急躁的人大多短命，太謹慎的人通常也擔心得早死。思慮周密、面面俱到可以使人做起事來更踏實，卻也同時使人在機運的面前卻步。

在靈光乍現時，把握機會舞動你的生命吧！只要你稍有一點遲疑，創意的花火便熄滅了，機會也消失了，一切後悔其實都是你自找的。

不要拿自己的生命當賭注

人的生命只有一條，不要輕易拿來做賭注，不如好好想一想，遇到凶險情況，你是要錢還是要命？

聰明人的下場，通常是反被聰明誤，在生死交關的時候，既想保全性命，又割捨不下身外之物。

千萬不要輕易挑戰你的運氣，因爲你很難像電影情節那麼走運。

有個生意人和他的兒子一起出海到遠方做生意，行李中有滿滿一箱珠寶。爲了不引人注目，他們特意把珠寶用破舊的箱子裝著，打算在途中伺機賣掉。

有一天，生意人無意間聽到水手們鬼鬼祟祟，小聲地在角落交頭接耳，知道他們已經發現了這箱珠寶，並準備要謀財害命，而且打算一不做二不休，先把他們父子兩人丟下海，珠寶就可以歸他們所有了。

商人嚇得兩腿發軟，連滾帶爬地回到房間之後，便把他聽到的一切告訴了兒子，父子倆苦心思索，終於想出了一套自保的辦法。

趁著水手們在甲板上休息的時候，生意人氣沖沖地衝上甲板，一手揪著兒子的耳朵，一邊咒罵著：「你這個不肖子！從來都不聽我的忠告！」

「死老頭！」兒子不甘示弱地喊著：「你說的根本都只是屁話。」

水手們好奇地聚在甲板四周，看著這場父子相殘的好戲。

生意人怒不可遏，馬上衝進他的房裡，拿出那箱珠寶，而且大聲地吼著：「沒有良心的小子！我寧可把它們全部扔掉，也不讓你繼承我的財產，你從我身上是連一個子兒都拿不到的！」

話還沒說完，生意人就在其他人趕來阻攔他之前，把整箱珠寶一股腦全部都扔進了大海裡。

幾天後，輪船終於靠了岸，父子倆一上碼頭，便直奔到法院指控船上的那些水手們居心不良，企圖謀殺及搶奪他們的財物。

法官問水手們：「你們是否親眼看到生意人把珠寶投入大海？」

水手們紛紛點頭，誰忘得了那麼令人扼腕的一件事呢？法官於是判水手們有罪，並判定他們必須賠償生意人的損失。法官說：「人在什麼時候會放棄他一生的積蓄呢？只有在他面臨生命危險時才會這樣啊！」

改變態度，壞事也可以變好事

如果你是故事中的生意人，你會怎麼做？

大部分人的做法應該是斷尾求生，乖乖地主動獻上珠寶，懇求水手們放自己一條生路；畢竟錢財是身外之物，能夠保住性命才能繼續擁有。

生意人看似豁達，其實卻比誰都還吝嗇，而且工於心計，大禍臨頭之時，他不只要保住自己的性命，還想保住自己的錢財，因此才想出了這條「兩全其美」

的妙計。

幸虧他遇到的是一群笨海盜，才能僥倖順遂心願，如果遇到的是脾氣暴躁的虎克船長，眼睜睜地看著到手的肥鵝就這麼被活生生扔下海，難保不把他們父子倆也扔到海裡陪葬去！

人的生命只有一條，不要輕易拿來做賭注，不如好好想一想，遇到凶險情況，你是要錢還是要命？

埋怨越少，成功越早

叫嚷著不公平的人，一輩子也不會覺得公平，因為現實人生本來就不公平，再怎麼埋怨，也無法使世界變得更合理。

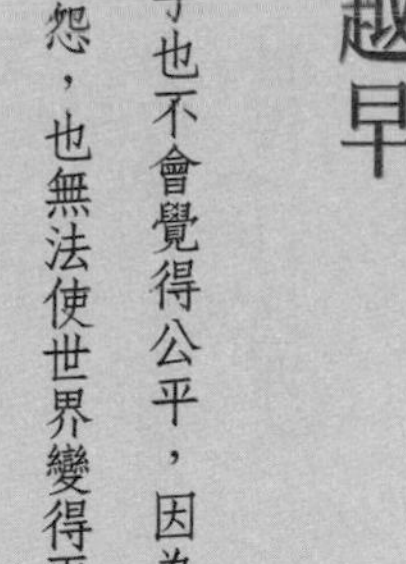

你的特長需要自己不斷精進，只有不斷地努力，你的潛力才能無限延伸，你的成就才能讓自己的心理得到平衡。

小張和小林是讀藝術學院時的同班同學，兩人談話一向投機，作品的風格也很相似，經常相約一同出外寫生，而且互相交換繪畫的心得。

當時，年輕氣盛的小張和小林有著共同的抱負，有朝一日一定要成爲名畫家，爲台灣的畫壇增光。

直到畢業之後，兩個人才發現，現實與夢想原來還有那麼大的距離，學生時代的夢想實在太遙不可及了。

小張比較幸運，畢業後透過父親的關係，進入了一家大型雜誌社擔任美術設計的工作，而小林求職過程一再碰壁，最後只好留在學校裡指導小學生上美術課。

爲了養活自己，有誰能不爲五斗米折腰？要不是小張有個神通廣大的老爸，就憑他那三腳貓的功夫，哪能找到那麼好的工作？小林心裡一直這麼懊惱地想著。

懷著一身才華，卻始終天不從人願的小林，原本手上拿的是畫筆，現在卻只能拿蠟筆和紅筆。他在心中暗暗怨嘆著目前的教書的工作，每次只要看見小張的作品在雜誌上出現，彷彿就像是一把灑在傷口上的鹽巴，更加突顯了他現在的失敗。

他埋怨社會、埋怨總統、埋怨政黨，埋怨雜誌社只認得人情，卻不長眼睛；他埋怨許多人不懂得發掘人才，日復一日地埋怨，但是對自己的處境卻完全不想加以改變。

就這樣，日子一天一天地過去了，小張由於雜誌社資源豐富，工作環境良好，經常能接觸到最新的資訊刺激他的靈感，加上他本身孜孜不倦地辛勤耕耘，幾年之後，他的畫風趨於成熟，並且獨樹一格，成了業界赫赫有名的美術設計師。

他亮眼的成就讓小林終於停止了抱怨，小林看到了對方的成長，已經沒什麼好抱怨，連在心裡不服氣的資格也失去了。

小林長期的怨天尤人，讓自己活在自築的囚籠裡，這些年來毫無進步，反而不知不覺地往後退，從當初的時運不濟，變成了眞正的一無所長。這輩子，他註定只能當個美術老師了，還提什麼當年的夢想呢？

改變態度，壞事也可以變好事

叫嚷著不公平的人，一輩子也不會覺得公平，因爲現實人生本來就不公平，再怎麼埋怨，也無法使世界變得更合理。

退一步說，如果上帝會眷顧這種只會自怨自艾，卻又毫無建樹的人，那才是眞的不公平。

想要得到公平，那就不要跟比爾蓋茲比財富，不要跟愛因斯坦比科學，不要跟胡雪巖比經商，不要跟達文西比藝術，不要跟曹雪芹比文學……。仔細想想，除去那些個人的特長，你有哪一點不如他們呢？

你欠缺的不是運氣，而是努力。

PART 7

用幽默化解自己的窘迫

當你發送了一顆微笑因子，
傳達至每個人的心裡，
你會發現，只要還能笑得出來，
事情根本沒有那麼嚴重。

儘量滿足別人的願望

重要的不是結果，而是你對別人的那一分心意；只要你給予的是別人所想要的，無論多或少，感恩的心都一樣不會少。

你知道什麼樣的人最容易往上爬嗎？就是看見別人的需要，然後盡力去滿足對方的人。

換個角度想想，如果有個人盡全力地想要爲你達成願望，無論他最後有沒有幫上忙，你難道不會深受感動？不會想用心回報他嗎？

先達成自己的願望，就先滿足別人的願望！當全世界的人都被你的心意感動，都將心比心地對待你時，你想不往上爬也難！

豐臣秀吉是日本戰國時代權傾一時的霸主。他結束戰亂後，地位在一人之下，萬人之上，很少人敢當面對他說個「不」字。

有一次，豐臣秀吉心血來潮，突然命令屬下做好準備，次日一早隨他上山採蘑菇。雖然只是個簡單任務，但是他的那一幫部下可都急壞了。當時炎炎夏日，早已過了採蘑菇時節，山上哪裡還找得到蘑菇啊！但是，萬一不能讓大人得償所願，老虎一怒之下大發雷霆，不知道又有多少人要遭到池魚之殃，那可不是開玩笑的。

部下們徹夜難眠，絞盡腦汁，終於有一個聰明的人想出一條計策。他們到附近村落緊急收購一批蘑菇，利用整個晚上的時間把它們插到豐臣秀吉要去的山上；只見沿途滿山遍野都是新鮮蘑菇，看起來跟從泥土裡長出來的一模一樣。

第二天一大早，豐臣秀吉便帶著下屬們來採蘑菇了。

「啊呀！這蘑菇長得真好，沒想到現在還有這麼新鮮的蘑菇！」豐臣秀吉心花怒放，頻頻讚嘆道。

「其實，這些蘑菇是他們怕大人您採不到而降罪，昨天晚上連夜插上去的。」一個心腹在大人耳邊偷偷告密。

豐臣秀吉點了點頭，嘆了口氣說道：「別忘了，我也是農民出身的，怎麼會看不出來其中的蹊蹺呢？大家為了我的一點興致而辛苦了一夜，這分苦心，我相當明白，又怎麼會怪罪大家呢？為了表示我的感謝，這些蘑菇就分給你們去品嚐吧！」

改變態度，壞事也可以變好事

是什麼讓這隻容易發怒的「老虎」變得如此體恤人心呢？聰明的下屬巧用心機，只為博得大人一笑而煞費苦心；這分苦心，正是對豐臣秀吉無聲的奉承，讓他明白自己的地位崇高，部下們甚至願意不擇手段來滿足他的願望。

有部屬如此，夫復何求？想到這裡，豐臣秀吉的心裡自然會感到相當滿足。

部下們雖然無法使這位沒有人敢對他說「不」的大人物放棄他不切實際的願望，卻也達到實際的讚美效果。

這則故事是要告訴你，只要盡力去滿足別人的願望，無論目標有沒有達成，你的汗水都不會白流，即使對方沒有實際的收穫，看在你如此絞盡腦汁的分上，也很難不被你打動。

很多時候，重要的不是結果，而是你對別人的那一分心意；只要你給予的是別人所想要的，無論多或少，感恩的心都一樣不會少。

換個角度，就能找到出路。每個人都喜歡「被重視」的感覺，何不多花點心思，去重視別人到底要的是什麼呢？

用幽默化解自己的窘迫

當你發送了一顆微笑因子，傳達至每個人的心裡，你會發現，只要還能笑得出來，事情根本沒有那麼嚴重。

無論發生任何困難，歡笑永遠是最有效的解藥，套句政治人物常用的話：「有這麼嚴重嗎？」

是的，凡事都沒有你想像中那麼嚴重；只要還懂得笑，還可以保持一分喜樂的心情，再怎麼嚴重的大事，都可以變得雲淡風輕。

當年雷根總統執政時，有一次在白宮舉行鋼琴演奏會，招待貴賓。

正當雷根總統在致辭時，總統夫人南西一個不小心，連人帶椅子由舞台上跌到台下。全場來賓都站起來驚呼，有的人顧著看熱鬧，有的人急著上前關切總統夫人的傷勢。

還好，地上鋪了一層厚厚的地毯，南西以優雅的舉止掩飾自己的疼痛，立刻靈活地站起來，重新回到舞台上去。

觀眾又疼惜又佩服，以熱烈的掌聲爲她打氣。

中斷了演講的雷根總統，確定夫人沒有受傷後，清了清喉嚨說：「親愛的！我不是交代過妳，只有在觀眾忘了給我掌聲之時，妳才需要做這種高難度的表演嗎？」

台下掌聲如雷，雷根總統成功地把夫人「不小心的意外」美化成「娛樂觀眾的表演」，大家對雷根總統的幽默留下深刻的印象。

又有一次，加拿大總統杜魯道邀請雷根總統到加拿大訪問。

正當雷根總統在多倫多的一處廣場上演講之時，遠處有一群示威遊行的民眾，不時高呼著反美口號，這群人罵聲隆隆，噪音震天，使得雷根總統的演說無法繼續下去。

這種場面讓杜魯道總統十分尷尬，貴賓遠道而來，「歡迎」他的竟然是這種場面；杜魯道總統恨不得能馬上挖個地洞鑽，頻頻向雷根總統表示歉意。

沒想到雷根總統卻說：「這種情況在美國比比皆是，屢見不鮮。這群人一定是從白宮前面一路隨我來到這裡的，他們是想讓我有賓至如歸的感覺，覺得來到這裡就像是回到家裡一樣。」

這麼一句話，輕鬆地化解了杜魯道總統的尷尬。

改變態度，壞事也可以變好事

一個人能不能創造出一番成就，能不能戰勝逆境，關鍵往往在於是否懂得轉換角度，用幽默的態度面對眼前讓自己難堪的事。

雷根總統用幽默來化解危機，那你呢？

我們沒有古今名人的聰明機智，也沒有政治人物的無礙辯才，但是我們有嘴巴，也有表情。即使沒有妙語如珠的臨場反應，我們仍可以用微笑來表示我們的不介意，甚至哈哈人笑來取代場面的尷尬；就算你自認口才不好，笑一笑你總該會吧！

人與人之間什麼都很容易擴散，當你發送了一顆微笑因子，沒蓋你，這顆微笑因子馬上就會散佈到空氣中，傳達至每個人的心裡。你會發現，只要還能笑得出來，事情根本沒有那麼嚴重。

充滿自信就能抓住人心

企業經營看似複雜，說穿了也不過是處理另一層人與人的關係。只要以人為前提，老闆和員工也可以是最好的夥伴。

什麼樣的公司最能抓住員工的心呢？

現代年輕人提出「事少、錢多、離家近」的三大原則，但是，眞的遇到那樣的公司，你覺得它會有多少前途呢？

眞正好的公司，是即使「事多、錢少、離家遠」，大家都仍願意爲它貢獻心力的公司。

星期六下午，所有員工都休息度假去了，美國休帕公司的老闆卻悄悄地在工廠裡巡視。他發現那裡的實驗庫房區上了鎖，便跑到維修部門，找來一把螺絲起子，把庫房門上的鎖撬下來。

星期一早上，上早班的人在庫房門上發現一張字條，上面寫著：「永遠不要把這道門鎖上，謝謝！」

工廠裡人來人往，實驗庫房是何等重要的地方，豈能容許別人隨意進出，爲什麼不要上鎖？

其實，這正是休帕公司不同凡響的一種表現，老闆把自己對員工的信任充分表現在「實驗室庫房開放政策」上。

公司的工程師不僅可以自由出入庫房，取用所需的物品，而且還鼓勵他們把零件帶回家使用。

老闆說，不管他們拿這些零件或設備去做什麼，不論和他們的工作有沒有關係，只要他們願意花時間在這些零件和設備上，爲公司也好，爲家裡也好，他們總會學到一些東西，從而加強對公司技術的革新能力。

這一項政策，正是根據他們「以人爲中心」的經營哲學。

只要加強全體員工對公司的參與度，大家便能以公司及自己的部門感到自豪。即使在休息的時間，大家互相討論的仍是對公司產品提升的看法。每一個人都以公司爲自己第二個家，如此還怕員工們不盡心盡力，公司不日漸茁壯嗎？

當七〇年代面臨經濟大蕭條時，老闆更是以身作則，從自己到底下的基層員工，由於大家都少了十分之一的工作量，因此每個人的薪水也減少十分之一。他們沒有解僱一個人，也沒有一個人提出辭職，彼此犧牲奉獻、合作無間的精神表達無遺。

後來，經濟學家把這種「培養團隊精神，以人爲核心」的經營哲學稱爲「休帕法則」。休帕公司的老闆說：「這些方式雖然聽起來有些陳腐，但是我們由衷地、誠心誠意地相信這種哲學。」

改變態度，壞事也可以變好事

一個人對事物的偏狹看法，就像是內心有著一張充滿黏性的蜘蛛網一樣。這張網會不斷地纏住自己的腦袋和眼睛，把所有錯誤的看法集中到自己的日常生活之中。

在競爭激烈的不景氣年代，不論企業或個人，想讓自己找到出路，就必須換個角度看事情，改變那些一成不變的守則。

再多的經營守則，再多的領導方略，也不如一句「以人爲本」那樣的深得人心。企業經營看似複雜，說穿了也不過是處理另一層人與人的關係。只要以人爲前提，把利益殿後，老闆和員工也可以是最好的夥伴。

社會是一個圓，你付出了什麼，你也就會得到什麼；好的開始通常能導致好的結果。只要一路上，你都本著一顆歡喜心，歡喜做、甘願受，哪還有不成功的道理？

成功，一點都不輕鬆

追求成功之前，要做好萬全的規劃與準備，然後全心全意去做，即使遇到失敗、挫折，也要再接再厲。

一分耕耘未必能有一分收穫，歷經險境不一定就可以保證成功。因爲，挫折本來就是人生的必經之路，你必須比別人更認眞、更堅韌，才有可能獲得成功。

阿華覺得自己的人生除了「失敗」兩個字以外，簡直找不到更貼切的形容詞了，無論讀書、創業、找工作，幾乎從來沒有好好地做成一件事。

年終時，別人歡歡喜喜地領取年終獎金，他所拿到的卻只有一封辭退信，他不明白爲什麼自己處處不如人，活在世上根本毫無用處，沮喪之際，甚至想結束自己的生命，一了百了。

後來，有人告訴他山上有位高僧，掌握了成功的秘訣，曾經拜訪過那位高僧的人，現在都成了各行各業的佼佼者。阿華心想，與其漫無目的地待在家裡，不如上山去試試吧！

於是，阿華便出發去找那位高僧了。一見到高僧，他就好像看到救星一般，滔滔不絕地敘述自己從小到大的不幸遭遇。

高僧聽完以後，沒有任何表示，只是隨口漫不經心地說：「我聽說對面山邊的懸崖上長有野草莓，只要你願意去幫我採下來，我就告訴你如何得到想要的一切。」

這座山的山勢並不高，但卻陡峭異常，那一顆顆紅寶石般閃閃發亮的草莓，近在眼前卻又遠在天邊，看得到，但就是摘不到。

「我該怎麼爬上去呢？」阿華心想，憑自己的能力根本不可能辦到，該不會是高僧在騙人吧！

他很想像以前一樣，一遇到困難就馬上棄械投降，但是此時心裡卻有另外一個聲音告訴他：不要放棄，這裡有著千載難逢的機會。

阿華開始認眞地思考，並且對這座山的地形做了仔細調查，然後決定從北面上山。只是，還爬不到一半，他就已經精疲力竭、疲憊不堪了。

疲累的阿華晚上伴著疼痛的肌肉入睡，不知道爲什麼，夢中的草莓看起來特別近，只差一步就可以摘到了。

隔天一大早，阿華試著再度攀登上山，這一次，終於摘到了夢寐以求的草莓。於是，他捧著滿懷的草莓回到高僧面前，焦急地問：「大師，現在你可以告訴我，要怎麼樣才能成功了吧？」

高僧一口把草莓放進嘴裡，笑著說道：「這草莓眞甜！」然後，反問阿華：「你不是已經成功了嗎？還問什麼成功之道？」

如果採得懸崖上的草莓就可以成功，那麼喜馬拉雅山的高峰上倘使長有草莓的話，可能也早就被人採擷一空了！因爲，現實生活中的成功得來不易，絕對不只是像採草莓一樣輕鬆。

這位高僧要教導阿華的是，追求成功之前，要做好萬全的規劃與準備，然後全心全意去做，即使遇到失敗、挫折，也要再接再厲。

爬上了懸崖，雖然你不一定就能摘到夢想中的甜美果實，但是你一定能放眼天下，把自己的人生道路看得更遠更清楚。

互助，才有更寬闊的出路

人類能夠有今天，全是因為互助合作；既然你不可能一個人存活在這個世界上，那為什麼不好好地對待身旁的人呢？

比起其他動物，人類最值得驕傲的地方在哪裡？

是我們食衣住行等物質文明的發達嗎？

是我們能言善道的說話本領嗎？

是我們爾虞我詐的機智嗎？

底下這一則故事將要告訴你，人類最值得驕傲的，其實正是我們最容易忽略的地方。

有一天，老虎和猴子聚在一起聊天。

老虎對猴子說：「聽說人類是你們猴子變的，但是，我奉勸你，千萬不要變成人。」

「爲什麼？」猴子百思不解：「人類的衣食住行，樣樣都比我們強，我們這些猴子啊！最大的願望就是能夠變成人呢！」

「眞是笑話！」老虎大吼了一聲，說道：「人類哪一點比得上我？就說吃的吧！人類吃生的怕拉肚子，只吃肉又嫌油膩，吃少了會營養不良，吃多了又怕發胖。」

「這麼說來，眞是有道理，人類在『食』的方面眞的不如你。」猴子佩服地回答，接著問道：「那麼衣服呢？人類可以穿好多漂亮的衣服，誰說他們不如你啊？」

「那是因爲他們天生就全身光溜溜的，沒有穿衣服的話一定會凍死。」老虎冷笑著說。

「說得太好了！」猴子忍不住鼓起掌來：「但是，人類有自己的房子啊！我曾經聽長老們說過，人類建造的房子又堅固又牢靠，而且住起來很舒服呢！」

「舒服個屁！他們的水泥洞，幾十家共用一個大門，有什麼好的？」老虎馬上反駁道：「舉個例子吧！我聽說人類的大樓失火，一死就是幾十人；住在下層的怕淹水，住在上層的怕地震，住在中間的又怕飛機攻擊。我們老虎住在森林裡，唯一要擔心的只有森林失火。但是，數百年來，你總沒聽說過森林大火時，有老虎被燒死在洞裡吧？」

「對對對，還是你們老虎高明。」猴子讚嘆道：「但是，沒見過你們老虎開汽車呀？」

「那是因爲人類的體質差，跑不快，又跑不遠。什麼奧運選手，靠！那點速度也能得到冠軍！怎麼跟我們老虎比啊？人類是因爲自己的體力不夠，才不得不開車的。而且，開車多麻煩啊！機器故障了不能開，油用完了不能開，路況不好也不能開，而且到了目的地還要到處找停車位。我的四條腿就比汽車好用多了！」

「對，對……」猴子一連說了幾十個對，佩服得五體頭地。

就在這個時候，遠處突然傳來幾聲「砰砰」的槍聲。

「糟了！人類來了，我得趕快跑了，改天再聊。」說完，老虎一溜煙兒鑽進了樹叢裡。

「喂！」猴子大聲喊道：「你不是說人類處處都不如你嗎？」

「是啊！他們是不如我，但是他們懂得互相幫助，團結合作啊！」老虎的聲音隱約傳來。

改變態度，壞事也可以變好事

面對問題的時候，我們總是習慣站在自己的角度，堅守自己的立場，殊不知這種做法非但無法達成目的，而且還會陷入僵局，引發各種無謂的爭執和糾紛。

不管在工作上或生活上，每個人都必須學著互助合作解決問題。

誠如這則諷刺寓言所說的，如果人類不懂得互助合作，那麼所有的本事就連一隻老虎也不如。

人類本身並沒有過人之處，只是因爲能集合衆人力量，累積古聖先賢的智慧，因此才能征服飛禽走獸，榮登萬物之靈的寶座。

人類之所以能夠有今天的高度文明，全是因爲互助合作而來的，團結力量大；既然我們都不可能單獨一個人存活在這個世界上，那爲什麼不好好地對待身旁的人呢？

與其悲觀、樂觀，不如保持客觀

當事情的演變不在你控制範圍之內，不如靜觀其變，當你的思慮越清明，煩惱也就會變得益發淡薄了。

大家都知道悲觀的人不足以成事，那麼，樂觀的人呢？

我們經常提醒別人要以樂觀的態度面對人生，但有些時候，太過樂觀反而會適得其反。

無論是悲觀或樂觀都未必妥當，最好的處世方式，還是客觀。

在西方流傳著這樣一個故事。

一百年前，一艘大輪船觸礁後，又在海上漂泊好幾天，眼看糧食就要耗盡，但是仍不見其他船隻的蹤影。得救的希望渺茫，船上的人心惶惶，大家都暗自禱告，心裡十分著急。

這時，一個悲觀的船員終於受不了內心煎熬，完全陷入絕望之中。他驚恐萬分，總是不斷地在甲板上高聲叫嚷：「這下子我們大家全完了，誰也活不成，我們早死晚死都是死，遲早會沉到海裡去餵魚，我眞不甘心啊……」

這名船員整天抒發自己的恐懼情緒，卻搞得人心惶惶，全部人都陪著他一起陷入不安當中。

這樣的表演一天總要出現好幾次，終於引起公憤。部分船員看不慣他這種妖言惑衆、擾亂人心的做法，趁著一天深夜，七手八腳地把他丟進大海，並且對他說：「就由你第一個下海去餵魚吧！」

這名悲觀者死後，船上並未得到預期的平靜，因爲這時又出現一位太過樂觀的人，取代悲觀者的位置，重拾起喋喋不休的鼓譟，只不過，他叫嚷的話題樂觀多了。

他老是說：「我們一定會得救的，因爲我們還剩下幾十塊餅乾，每一塊餅乾可以維持一個人一週的生命，我們絕對不會餓死，一定可以撐到其他船隻來救我們……」

船員們發現，聽這種樂觀的鼓譟更糟糕，他只不過提醒其他人目前窘迫的處境，對建立信心毫無幫助。於是，他們也找了一個恰當的時機一起動手，把這名樂觀者也丟進海裡。

從此以後，輪船恢復寧靜。沒有那兩個討厭的傢伙，大家心平氣和地等待救援。在大家心照不宣都快支持不下去時，輪船總算得救了。

改變態度，壞事也可以變好事

用悲觀和樂觀來看世界，這兩種態度都很虛無，而且常常做出「置身事外的局勢評估」，根本於事無補。

作爲一個置身事內的人，你沒有必要爲還沒發生的事情下定論，你只能「務實地」尋找周遭已經出現的跡象，然後期望其中較好的新芽越長越茁壯。

當事情的演變不在你控制範圍之內，不要急著張望未來的發展；與其盲目的樂觀或悲觀，不如以冷靜的態度靜觀其變，當你的思慮越清明，煩惱也就會變得益發淡薄了。

調整好自己的心態，建立充分的自信，客觀審視事情的發展，將有助於你走好往後的人生旅程。

改變容貌不保證改變人生

有許多比你醜的人都能接受自己的樣貌，為什麼你這麼急於改變？也許你可以改變容貌，但是你能改變自己的人生嗎？

每個人都希望自己是俊男美女，最低限度也要是個「無印良品」，或是「高貴不貴」的金童玉女。

但是，世界上卻不一定有這麼好的事，我們無法選擇自己的長相，我們只能盡量去接受，盡量喜歡自己的樣貌，反覆地說服自己：這就是我。

藝人凌峰紅遍兩岸三地後，鼓舞了不少其貌不揚的人。

有一回，凌峰接受一個電視節目的邀請，當節目主持人侯玉婷介紹他出場時，只見他摘下帽子，露出招牌光頭，向觀眾深深一鞠躬後開口道：「各位朋友大家好！在下凌峰。」

語畢，凌峰轉身向主持人說：「侯小姐！我很幸運又見到妳，而妳是很不幸又再見到我了。」

氣氛一下子變得熱絡，主持人笑了笑，立刻回答：「哪裡哪裡！請您談一下作爲一個名節目主持人，有什麼感想好嗎？」

凌峰認真地想了一會兒，面向觀眾說：「我覺得我的先天條件要比別人好，許多男性觀眾只要看到我，就會覺得自命不凡。」

這時，台下響起熱烈的掌聲和笑聲，凌峰接著說：「你們看看，那些正在鼓掌的人，都覺得自己長得比我帥！」

觀眾反應更爲熱情了，等到觀眾的情緒稍微緩和下來，凌峰繼續說：「我天生的好條件不只如此，就拿我的長相來說吧！我是生長在台灣的山東人，南人北相，所以南北通吃；而且我看起來一臉滄桑，打從幾十年前就長成這副德性了，

似乎中國五千年的苦難都寫在我的臉上，所以只要是中國的同胞都非常歡迎我。」

主持人問：「中國這麼大，難道沒有例外的嗎？」

凌峰充滿自信，幽默地回答：「連少數民族都喜歡我，蒙古人喜歡我是因爲我和他們一樣是單眼皮。西藏人喜歡我，雖然我和西藏人的信仰並不同，但是妳看，我這個長相，再披上件袈裟，像不像一個西藏喇嘛？」

全場觀衆大笑，那一集節日創下同一時段最高的收視率。

改變態度，壞事也可以變好事

近年來，人工美女盛行，整型風潮當道，許多人對自己與生俱來的樣貌，從「不喜歡但是要接受」演變成「不喜歡就去改變」。

整型成爲一種流行，卻引發更多問題：你是不喜歡你的臉，還是不喜歡你自己？有許多比你醜的人都能接受自己的樣貌，爲什麼你這麼急於改變？也許你可以改變自己的容貌，但是你能改變自己的人生嗎？

常常聽到一句話：「人的美醜不在臉上，而在內心。」

這句話本來是在強調內在美的重要，但是在今時今日，這句話卻有更深一層的意義：如果你喜歡自己，即使樣貌平庸也會變得容光煥發；萬一你缺乏自信，就算美若天仙，也只是一朵毫無朝氣的小花。

你的樣子，不在於你眼耳口鼻的位置，而在於你看待自己的角度。

要把自己的誠意表現出來

有些話，即使再怎麼支吾結巴也要講出來，不講出來，別人永遠不知道你的心意，誤會往往就是這樣造成的。

笑是人的優良本能，也是人際關係中最好的調劑。

然而，不是每件事都憑著一味地傻笑就能過關的，總要在適當時補上幾句得體的話，你的笑容才會顯得更有誠意！

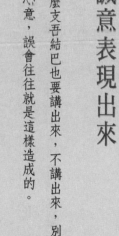

下面是一則笑話，告訴你那「幾句話」的重要。

有一天，老陳的老同學到家裡來拜訪，二個人多年不見，便在客廳裡天南地北地聊著。話匣子一開就沒完沒了，不知不覺已經到了晚餐時間。老陳五歲的小兒子跑進來，趴在爸爸的肩膀上咬耳朵。

老陳和朋友聊得正高興，看到兒子這麼沒規矩的行爲，大聲訓斥道：「眞沒禮貌！當著客人的面咬什麼耳朵？爸爸不是告訴過你，做人要坦蕩蕩，有什麼話不能明講的！」

小兒子受到爸爸的訓斥，只好乖乖聽話，順從地說：「媽媽要我告訴你，家裡沒有菜，不要留客人吃飯。」

一時間，兩個大人都當場楞住了。即使朋友原本就沒打算留在老陳家吃飯，但是聽了這番話也難免不悅；彷彿在下逐客令似的，多尷尬的場面，這下子怎麼解釋啊？

還好老陳足智多謀，腦筋一轉，伸出手來，在兒子的小腦袋上輕輕打了一下，然後說：「你這個小笨蛋！我不是告訴過你，只有隔壁囉唆的王大嬸來時，才要跑過來說這句話嗎？你怎麼搞錯了？」

如果老陳當時只是尷尬地傻笑，甚至伸手搔了搔頭，老朋友也許不會在意，但是還好意思繼續待在老陳家裡嗎？識相的話，一定先找個藉口告辭，而且以後再來拜訪老陳，就算心裡不存芥蒂，也會刻意挑個「適當」的時間。多年的朋友彼此間相處變成要小心翼翼，這是多麼可惜的一件事！

也許，你不能像老陳一樣補漏洞補得這麼圓滑，但是，也總該有一些適時的善意表示。凡是明眼人都看得出來，這個孩子只是在爲母親傳話，根本沒有搞錯什麼，但是你多講了那幾句話，代表的正是你的誠意。

告訴別人不要在意，一個心情的轉彎，感受就全然不同了。

有些話，是省不得的，即使再怎麼支吾結巴，再怎麼冷場怪氣，也要適時地講出來。倘使你不講出來，別人永遠不知道你的心意，彼此之間的誤會往往就是這樣造成的。

看到真相之前，不要妄下判斷

在看到事情真相之前，請不要強加判斷。萬一判斷錯誤，很有可能會弄巧成拙，變成真的。

世界就像一面鏡子，你怎麼看別人，別人就會怎麼看你。

不要埋怨別人對你不好，當你有這種想法時，你又怎麼會對他好呢？惡性循環，難道你自己一點責任都沒有嗎？

剛從公司加完班的阿德走在一條小道上。這是一條相當偏僻的小道，平時人煙稀少，今晚夜黑風高，四周更是一片漆黑，附近沒有任何商店，經過的車輛也少之又少。

阿德走著走著，突然不遠處迎面走來了一群人。深具危機意識的阿德忽然感到害怕，心裡想：「這個地方鳥不生蛋的，平常人沒事來這裡幹嘛？眼前的這群人一定是暴徒，或是強盜，搞不好還是毒販；四下無人，就只有我自己，我該怎麼辦？」

爲了掩人耳目，阿德翻過附近的一道牆。牆的另一面是一塊墓地，阿德找一個可以藏身的角落就躲了起來。

他深呼吸幾口氣，企圖讓自己冷靜下來。腳步聲越來越近，阿德的心跳也越來越快；他不禁閉緊眼睛，告訴自己：冷靜點，只要這些人過去，就可以平安回家了。

但是，那批人的腳步卻突然停下來，接著傳來的是一陣翻越牆頭的聲響。完蛋了，他們一定是見我越過牆頭，所以才跟著過來。阿德緊張得不敢呼吸，更加肯定自己的推測沒有錯。

阿德內心滿是恐懼，那幫人是一群危險人物，現在他們正在找自己，一旦被發現了，他們有可能會殺人滅口的。但是身處險境的阿德完全束手無策，只好全憑運氣了。

不久，那群人發現了阿德；他們揪住阿德的衣領，阿德以爲自己死定了。沒想到那些人卻問他：「你在這裡幹什麼？爲什麼要翻牆？你是不是做了什麼壞事？是不是通緝犯？」

阿德一看，發現他們只是一群十七、八歲，還背著書包的學生，終於鬆了口氣。他笑著對他們說：「看！你們問我爲什麼在這裡，我還想問你們爲什麼在這裡呢！你們在這裡是因爲我，而我在這裡也是因爲你們哪！」

改變態度，壞事也可以變好事

美國作家愛默生曾經說：「一個人抱持怎樣心態，他就是怎樣的人；一個人表現出怎樣行為，他也就是怎樣的人。」

對周遭環境所抱持的態度，正是一個人最好的寫照，如果你想改變自己的處

境，那麼就要先改變你的態度。

人的恐懼、猜疑、不幸往往不是因別人而起；許多事情的始作俑者，其實正是你自己。

你越是這麼想，意識波越強，你的想法也就越容易成爲事實。

不管你用什麼眼光看待別人，回應你的，當然也是這種眼光。好的可能會更好，壞的只會更糟。

所以，在看到事情眞相之前，請不要強加判斷。萬一判斷錯誤，很有可能會弄巧成拙，變成眞的。

PART 8

誰說大象不會走鋼索？

只要有心，盡力就會創造奇蹟，
就連大象也可以走鋼索。
你又何必管別人怎麼說、怎麼想呢？

衝鋒之前，請先催眠自己

人的潛意識裡蘊藏了無窮的力量，既然外在環境無法給你幫助，那麼何不在腦袋裡，尋找一些新的力量？

如果要你用一隻手抓起一個大男人，你認爲可能嗎？

在一般情況下，你也許做不到，但是看過這則故事之後，你要相信，你絕對可以做得到！

赫赫有名的心理學家哈德菲爾德，曾經做過一個很有趣的實驗，他試圖證實人的心理狀況對生理能力有著莫大的影響。

他請來三個人，要求他們使出全力緊握測力計，然後給予他們三種不同的狀況進行測試。第一種是正常的清醒狀況，在相同的情境裡，三個人的平均握力爲一百零一磅。

接著，心理學家將他們催眠，並告訴他們現在的身體狀況非常衰弱。實驗的結果顯示，他們只有二十九磅的握力，是正常體能的三分之一。其中，甚至有一個彪形大漢，得過兩屆拳擊冠軍，不過在催眠的狀態中，他覺得自己的手臂非常纖細瘦小，和一個嬰兒沒有兩樣。

在進行第三種測試時，這三個人在催眠中被告知自己是個強壯的大力士，只要用一隻手就可以把一棵樹連根拔起。

當他們心中都充滿了這股積極的力量時，每個人的力氣都提升了將近百分之五十，平均握力達到一百四十二磅。

實驗結束後，這三個人看著自己在催眠中的表現，幾乎不敢相信，異口同聲地說出了他們的感想：「天哪！這眞是太神奇了！」

化妝品和印度神油或許有一定的功效，但是，它們最大的效用，其實就是發揮「催眠」的效果。

化妝品讓女人相信自己眞的會變美麗，印度神油讓男人相信自己眞的可以更加勇猛，結果，他們眞的脫胎換骨了。

連青春都可以起死回生，還有什麼事情不可能發生？

當你再怎麼努力也無法達成目標時，不妨將自己催眠吧！讓自己相信所有的不可能都有可能，所有的「沒辦法」都可以解決。

人的潛意識裡蘊藏了無窮的力量，既然外在環境無法給你幫助，那麼何不在腦袋裡，尋找一些新的力量？

別把自己限在過去的框框裡

觀眾不看了，有更年輕的人選取代你了，你再怎麼留戀這個舞台，也必須下台，這個世界就是這麼現實。

人生的舞台不只一個，你能扮演的角色也不只一個，一齣戲演完了，你可以再演另一齣，何必把自己限在過去的框框裡呢？

歲月不饒人，運動員的生涯是很短暫的。帕特．萊里原本是個受萬人矚目NBA球員，然而隨著年歲漸長，體力也逐漸走下坡之後，被毫不留情地趕出了NBA。

鎂光燈下的星星一旦失去了耀眼的光芒，只會被當成一顆擋路的隕石，人很現實，人生更是不得不現實。

帕特·萊里離開了他長久以來習以爲常的生活世界，這意味著他同時得離開自己生命中的一部分，包括朋友、同事、一份引以爲傲的職業、一個安定無虞的生活。

這些更意味著奮鬥了這麼多年之後，他將一無所有，再度歸零。

帕特·萊里很痛苦，無法接受這種改變，心裡滿是怨氣，花了好長一段時間自艾自憐，還試圖用酒精麻醉自己。

直到有一天，他突然想到，如果當初自己沒有成爲一位運動員，那麼他將會成爲什麼呢？

他也曾經有過其他的夢想，嚮往不同的生活，如今，或許該是實現這些可能的時候了！

他想起自己小時候曾經是個忠實的小球迷，但從沒想過有一天自己也能站在場上發光發亮。當時，他最大的願望就是成爲球場的清潔工，每天可以看到許多運動場上的大明星，於是他心裡想著：「爲什麼我不趁現在去替自己圓夢呢？」

帕特．萊里立定志向之後，重新回到球場，不過這一次，他是用不同的身分。他放下了身段，從最低層的職務開始做起，先是做巡迴賽秘書，然後做湖人隊比賽的球評。

一年半之後，他簽約擔任了助理教練，憑著傲人的球技與經驗，不到兩年的時間，他就成了湖人隊的總教練。

改變態度，壞事也可以變好事

不論遭遇什麼失敗挫折，只要對人生抱持著積極樂觀態度，願意全力以付，就能穿越荊棘遍佈的人生道路，度過眼前的難關，開創璀璨的未來。

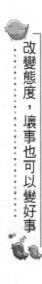

帕特．萊里在投籃失利之後，並沒有懊悔太久，轉身用最快的速度接下籃板球，結果他贏了，因爲他把握了每一次投籃的機會。

在人生的舞台上，無論你扮演的是哪一種角色，最後都難免會有曲終人散的時候。

即使你演得再怎麼得心應手，觀眾不看了，有更年輕的人選取代你了，你再怎麼留戀這個舞台，也必須下台，這個世界就是這麼現實。

不過，你不必自怨自艾，不妨靜下來想一想，你還能做什麼？

勇敢地踏出第一步吧！你會發現，其實世界很遼闊，你的未來仍然掌握在自己手中。

別當永遠的醜小鴨

每個人都有不完美、需要遮掩的地方，只要懂得選擇適合自己的「衣服」，你不會永遠都是一隻醜小鴨的。

如果你只著眼在自己的缺點上，像拿一面放大鏡去審視自己的傷口一樣，那麼你只會發現缺點不斷地擴大，逐漸佔滿了你所有的視線。

喬治．伯恩斯接下演出《陽光男孩》中的一個角色時，已經八十多歲了，在這之前，他已經有三十五年沒拍過電影，對於這份工作，就像新人一樣生疏。開拍之前的一個星期，導演爲了正式拍攝時能有最好的效率，特地召集所有的演員把劇本預演一遍。

當導演和製片人到達片場時，發現每個人都帶了劇本，只有喬治．伯恩斯沒有帶；不帶劇本的演員就像沒帶課本上學的學生一樣，誰會認爲他是個好學生呢？

於是，導演把喬治叫到一旁，嚴厲地對他說：「我想你不適合擔任這個角色，今天就要預演了，你竟然連劇本都忘了帶！」

然而，喬治聽了絲毫面不改色，用堅定的語氣向導演說：「不要擔心，請開始吧！」

預演幾分鐘後，所有人都大吃了一驚，目瞪口呆地望著喬治。因爲他不僅背熟了自己的台詞，就連其他人的台詞也一字不漏地熟記在心，整部長達一百多頁的劇本就像刻在他腦中一樣，無論進行到哪個片段，他都能倒背如流，甚至比導演還要熟練。

喬治對旁人的稱讚絲毫無動於衷，只是謙虛地笑了笑說，他從小就十分善於背誦，因爲他患有閱讀障礙症，無論怎麼努力也無法提升自己的閱讀能力。因此，只要是聽過一次的東西，他就會盡力地把它烙印在腦海裡，用超強的記憶力來掩飾自己不識字的缺點。

在他的演員生涯裡，這樣的功夫時常幫助他快速地融入角色，特別是在演出音樂劇時，他可以熟練地背誦一長串的歌詞，讓演出更加得心應手。

就這樣，喬治．伯恩斯成功地詮釋了《陽光男孩》中的角色，他的演出流暢自然，贏得了當年奧斯卡最佳男配角獎。

八十多歲的他仍然寶刀未老，之後，他繼續參與演出，而且拍了十多部膾炙人口的電影。

改變態度，壞事也可以變好事

激勵作家畢傑曾經寫道：「贏家與輸家的差異就在於，一個人面對人生困境，到底具備多少自信。」

信心是能否扭轉逆境的關鍵因素，一個人擁有多少自信，就能創造多少奇蹟。

信心，通常來自於一個人如何客觀看待自己的優點和缺點。

人有一短，必有一長，重要的是你必須發揮自己的專長。

經營人生就像穿衣服一樣，如果你的腰圍很大，那就不要穿低腰褲，露出腰上的那一圈肥油；如果你的腿又短又粗，那又何必趕流行穿迷你裙？不是每個人都會欣賞德國豬腳的。

每個人都有不完美、需要遮掩的地方，只要懂得選擇適合自己的「衣服」，麻雀都能變鳳凰了，你不會永遠都是一隻醜小鴨的。

明天的事，留在明天擔心

我們永遠不會知道下一分鐘會發生什麼事情，下一分鐘的事，就等下 分鐘再來擔心吧！

不管你安排得多麼周詳、細密，有時仍舊會有意外發生。人無法抗拒命運的安排，只要做好準備，那麼又何必擔心那麼多無法控制的意外呢？

就像一般血氣方剛的美國青年一樣，強納森懷著報效國家的熱忱加入了海岸防衛隊，不久被派到海港去安裝炸藥。

這是一項艱鉅而危險的任務，強納森想到自己還是個初出茅廬的新兵，什麼都似懂非懂，遇到事情也不會變通，內心不由得充滿了恐懼。

他負責的是船上的第五號艙，和五個碼頭工人一起工作。看著那些碼頭工人輕鬆地把好幾千磅的炸彈往船上裝，好像他們搬運的只是一大袋沈重的麵粉一樣，萬一一個不小心，引爆了任何一個炸彈，馬上就可以把整條船炸得粉碎，而且連地方都沒得躲。

想到這裡，強納森嘴裡發乾，嚇得手腳發軟，心臟「撲通撲通」的跳得好快，只差沒有屁滾尿流。

然而，身爲一個美國士兵，他不能跑走，那是臨陣脫逃的行爲，還算是一個男子漢嗎？

爲了保全顏面，強納森只能眼睜睜地看著碼頭工人毫不在乎地把炸彈搬來搬去，心裡暗自祈禱，千萬不要出了任何一點差錯啊！

經過一個多小時之後，強納森終於平心靜氣地面對這一切。他告訴自己：「這一個多小時都沒有發生任何差錯，你憑什麼認爲會出事？就算是炸彈引爆了又怎麼樣？這種死法只要一秒鐘，你連痛都感覺不到就解脫了，這總比躺在病床上煎熬要好得多吧。反正人終須一死，這件工作又不能不做，唯一能做的，就是讓自己想開一點。」

他不斷對自己重複著這些話，然後漸漸覺得如釋重負了一點。當然，從頭到尾，什麼意外也沒發生，而這次的任務也成了強納森記憶簿裡一張珍貴的相片，從此以後，他再也不會輕易地向恐懼低頭了。

改變態度，壞事也可以變好事

如果你正坐在一架遇到亂流的飛機上，有人告訴你：「雖然飛機是世界上最安全的交通工具，但是這架飛機還是隨時有可能會墜機的。」

這時，你會怎麼辦？

都已經飛到空中了，誰也無法讓飛機安全降落。

或者你會驚嚇得手腳冒汗，或者會一路唸著「南無阿彌陀佛」、「上帝保

佑」，直到飛機平安降落地面爲止，但是，不管你當時的心理狀態如何，都無法左右最後的結果。

飛機會不會墜機，不是你我能控制的，正如世界上的許多事，我們根本沒有能力去改變，既然不能改變，那麼就接受吧。

我們永遠不會知道下一分鐘會發生什麼事情，只能要求自己把該做的做好，下一分鐘的事，就等下一分鐘再來擔心吧！

誰說大象不會走鋼索？

只要有心，盡力就會創造奇蹟，就連大象也可以走鋼索。
你又何必管別人怎麼說、怎麼想呢？

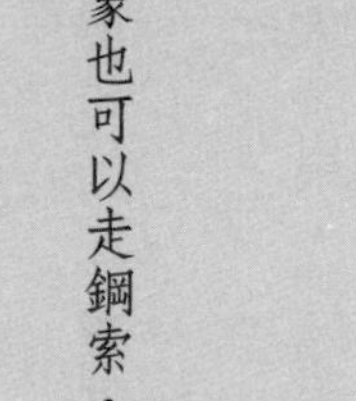

莎士比亞曾說：「人有時可以支配自己的命運，要是受制於人，那錯誤不在命，而是在於自己。」

人就是自己命運的主宰，只有意志不堅、缺乏自信的人，才會因爲別人的冷嘲熱諷而改變自己的志向。

小琪剛上大學的時候，班上有一位來自鄉下的同學，國語說得非常不標準，說起話來經常是：「偶贈在出喚」，意思是「我正在吃飯」。

除了發音不準確之外，他的文法也不見得正確，像「老師給我打」這類台語翻國語的句子，就時常出自他的尊口。他的每一句話，在其他人聽來都像猜謎遊戲，偏偏他卻瘋狂地喜歡詩詞文學，而且還立志要當個詩人，想出版幾本詩集。

小琪聽了他的夢想，實在忍俊不住，這就像大象要走鋼索那般可笑。口直心快的小琪告訴那位同學：「就憑你那點水準，要寫詩，等到二月三十號吧！」

那位同學一時沒聽懂小琪的意思，立刻追問說：「爲什麼要等到二月三十號？」

「因爲，二月根本沒有三十號啊！」小琪懶洋洋地解釋著：「所以所有不可能的事情，都會發生在那一天。」

同學聽了臉色大變，起初他有些驚愕，但是過了一會兒便像領悟了什麼似的，神色豁然開朗。

八年後，小琪收到了這位同學寄來的一本詩集，裡頭附著一封信：

「這是我的第一本詩集，我終於做到了。這麼多年來，我一直記得妳的鼓勵，妳說過，所有不可能的事情都會發生在二月三十號，雖然當學生的時候，我自己也認爲出詩集只是一個夢想，而且幾乎是不可能的事情，但是妳讓我明白，即使再怎麼不可能的事情，也會有發生的時候。日曆上沒有二月三十號，但是人的心裡卻有，因而我怎麼能不竭盡全力，去創造自己的二月三十號呢？」

改變態度，壞事也可以變好事

「二月三十號」是眞實存在的，只要有心，盡力就會創造奇蹟，就連大象也可以走鋼索。

天底下所有的不可能，都是人們在腦海中自我設限後所認定的，例如，電燈、電話、電視、洗衣機……在以前不都是天方夜譚？但是，現在卻都成了家常便飯。事實證明，人們所謂的「不可能」，只是他們膚淺無知，不知道這個世界有多麼寬闊、多麼奧妙而已。

人生也是如此，未來的事沒有人知道會如何發展，我們所能左右的只是自己的努力程度，因此，你又何必管別人怎麼說、怎麼想呢？只要照著自己設定的人生方向往前走，你就能看見自己的璀璨未來。

讓錯誤成為日後的寶藏

教訓往往是從後悔中才能得到的，別害怕犯錯，只要能真切地記取教訓，那麼一切的錯誤都會是你日後的寶藏。

所謂「不經一事，不長一智」，這句話說明了人生的若干階段都只是嘗試錯誤的流程。

失敗、挫折是成長必須付出的代價，也是人生必經的一部分，因此，遭遇失敗、挫折沒什麼値得氣餒的，只要懂得從中汲取教訓，必然可以得到最好的經驗。

有一個三十歲的年輕人，年紀輕輕就獲選爲銀行的總裁，就像小孩開大車一樣，難免會使旁人感到些許不放心，而這個年輕人自己也膽顫心驚，不敢有絲毫的放鬆。

有一天，這個年輕的總裁與股東會主席，也就是前任總裁談話。前任總裁已經是個白髮蒼蒼的老人了，坐在總裁的位置上長達三十多年，關於這項職務，應該沒有人比他更了解了吧！

年輕人謙虛地向他說道：「就像您所說的，我才剛擔任總裁這項職務，這眞是一個不簡單的工作，希望您可以根據自己多年的經驗，給予我一些寶貴的建議。」

前任總裁看著自己面前的後生小輩，想了一會兒，便以簡短的六個字作答，他一個字一個字地說：「做、正、確、的、決、定。」

年輕的總裁覺得這個建議太籠統了，希望得到更明確的解說。於是他繼續問：「您的建議對我來說非常有幫助，我很感激。但是，可不可以請您再說詳細一點兒？我該怎麼樣才能做正確的決定呢？」

這次，前任總裁的回答更簡短了。他閃爍著充滿智慧的眼睛，看著年輕人說：

「經驗。」

新總裁覺得自己問了等於沒問一樣，但仍耐住性子，客客氣氣地說：「您說得沒錯，不過這正是我現在坐在這裡的原因，因爲我還沒具備需要的經驗，所以才冒昧地來請教您，我從哪裡可以獲得這些寶貴的經驗呢？」

前任總裁像是想起了什麼似的，他笑了笑，並且用簡潔地口氣說：「錯誤的決定。」

改變態度，壞事也可以變好事

作家富勒曾經寫道：「自己如果不做自己的敵人，世界上就沒有敵人。」

這是因爲，很多人失敗，通常是輸給自己，而不是輸給別人。想要成功，必須先學會檢討自己，並且不斷記取教訓。

做出正確的決定需要經驗，而經驗卻往往必須從錯誤中獲得，這和「失敗爲成功之母」是一樣的道理。

最怕的是，經過了一件錯誤的事，卻仍然沒有增長智慧，所有的時間和苦心都成了白費。

偏偏大部分的人都是這樣，犯過的錯誤總是一犯再犯，即使別人再三提醒，到了最後一刻，仍然重蹈覆轍。

教訓往往是從後悔中才能得到的，別害怕犯錯，只要能真切地記取教訓，那麼一切的錯誤都會是你日後的寶藏。

要為自己努力，不要坐以待斃

不懂得挖掘你內心的寶藏，不懂得用兩隻手創造你的前途，
那時的你才是真的一無所有。

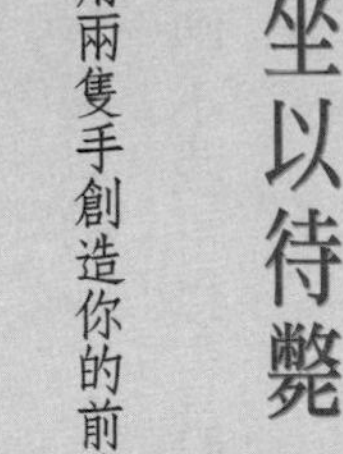

不要埋怨自己什麼都沒有，什麼都不如別人。

你至少還擁有自己的意志、想法，還有一個健康的身軀，你已經比其他不幸的人幸運很多了。

有一位年輕人自小家境貧寒，爲了負擔弟弟妹妹的學費，放棄升學，很早就出外謀生以維持家計。

如今，弟弟妹妹長大了，各有自己的一片天空，而他自從原本服務的公司倒閉之後，求職便四處碰壁。

既沒有學歷又沒有一技之長的他，轉眼間已經失業大半年了，眼看著積蓄用盡，家徒四壁，年輕人由滿懷希望轉而意志消沈，對自己不順遂的境況總是怨天尤人。

一天，他無精打采地走在路上，遇見了一位老人。老人對他說：「你有這麼豐厚的財富，爲什麼還要愁容滿面呢？」

年輕人聽了，急切地問：「什麼財富？在哪裡呢？」

「你的財富就是你的一雙眼睛，如果你肯給我你的一雙眼睛，我就把你想得到的統統給你。」

年輕人考慮了半晌，沒有眼睛，世界只會剩下一片漆黑，那有多麼痛苦啊！因而，他堅決地說：「不，我不能失去我的眼睛。」

「好吧！那麼把你的一雙手送給我吧！我可以告訴你幾組數字，保證你今天晚上就成爲億萬富翁。」

連眼睛都不能失去了，更遑論雙手！年輕人立刻回答：「不，我的手對我來說很重要，一隻也不能失去。」

此時，老人笑了，語重心長地對年輕人說：「是啊！你有一雙眼睛，還有一雙手，這是用再多錢也買不到的啊！它們是你最豐厚的資產，擁有一雙眼睛，你就可以觀看，可以學習；擁有一雙手，你就可以勞動，可以工作。你所擁有的是世界上最大的寶藏，那麼，你爲什麼不好好運用你所擁有的寶貴資產呢？」

改變態度，壞事也可以變好事

人往往是自己最親密的敵人。

不少人經常犯這樣的錯誤：不願意爲自己努力，動輒怨天尤人，坐以待斃，徒然消耗自己寶貴的時間和精力。

其實，只要你還有健康的身體，只要你願意振作，任何時間點都可以是自己生命的轉捩點。

健康的身體就是一座天然的礦山，無論眼前如何，只要你肯努力，裡頭的金子自然會源源不絕地湧現。如果你不妥善運用，終日愁眉苦臉地坐以待斃，那麼就算坐擁著天大的財富，它的外表依然覆蓋著灰茫茫的砂石，遮住了裡頭黃澄澄的金子。

如果再不懂得珍惜，不懂得挖掘你內心的寶藏，不懂得用兩隻手創造你的前途，總有一天，你會老去。

連這個健康軀殼都失去的時候，你才會發現，你的寶藏已經枯竭，那時的你才是眞的一無所有。

成功沒有既定的時間表

成功沒有標準模式，也沒有既定的時間表，你只能要求自己多努力一點、多付出一點、多說些好話、更要多做些好事。

即使自己的苦心付諸流水，也不必有所怨懟。

一分耕耘一定能有一分收穫，那分收穫也許來得很晚，但是只要你有耐心，你就一定能看到你所付出的回報。

小鄭是不景氣衝擊下的另一個受災戶，時機不好，公司減薪又裁員，使得他頓時成爲失業人口。

他打從畢業起就待在這家公司，一待就待了十年，人生最美好的青春歲月全都奉獻在這裡。

公司生意好的時候，加班熬夜他全力配合，如今老闆一句「公司今年沒賺錢」就要他捲鋪蓋走路，這個世界還有沒有天理？

幸好小鄭的個性一向樂觀進取，計劃趁著這段時間出門走走，來個環島旅行，一方面放鬆身心，一方面替自己充電。

就像日劇裡所講的：「當作是給自己放個長假吧！」小鄭決定出發去尋找人生的意義，思索一下未來的方向。

途中，他經過一個村莊，這個村莊離水源地很遠，在這裡，水是非常珍貴的，因爲所有的生活用水都必須要到很遠的小河裡去挑，這麼一來一回，有時就得花上一整天的時間。

小鄭發現在那一長列的擔水大軍中有一個老人，肩上的兩個水桶都已經年久失修，出現了裂縫，一路上滴滴答答的一直漏水，雖然漏得不多，但是這麼半天下來，滿滿的一桶水也只剩下半桶。

小鄭走上前去，不解地問道：「老先生，難道你沒發現水桶正在漏水嗎？爲什麼不修理一下呢？你們花了這麼多時間和力氣辛苦挑水，就這樣漏掉了，多浪費呀！」

老人聽了一點兒也不著急，微笑著說：「你放心，只要曾經認眞付出過，所有的熱情都不會浪費，更何況我灑的水是如此珍貴啊！」

小鄭聽得一頭霧水，每個人都有自己的想法，雖然他不能理解，但是也無權左右。

一直到數個月之後，小鄭才終於領悟到老人話中的含義！

當他身心疲憊地踏上歸途，重新又經過這座村莊時，他的眼睛一亮。眼前的景象實在令人不可思議，原本光禿禿的泥土路上竟長出了一叢叢的翠綠青草，老人走過的地方竟開滿了艷麗的野花。

《十二個人定勝天的故事》作者威廉．波里索曾說過：「生命中最重要的事就是不要害怕付出。這一點正是一個成功和失敗的最大區別。」

無論好事壞事，不是不報，只是時候未到。

凡是走過的，必定留下痕跡，你所做的每一件事情，老天自然會有所回應，只要平心靜氣地努力，不再急功近利、怨天尤人，你的收穫不是現在，就是在未來。

成功沒有標準模式，也沒有既定的時間表，你只能要求自己多努力一點、多付出一點、多說些好話，更要多做些好事。

PART 9

享受巴掌帶來的好處

不要埋怨生命裡曾經承受的每一巴掌，
因為蛻變是痛苦的，
但是蛻變之後的你，
才能變得更加耀眼奪目！

從壞運氣中吸取教訓

俄國幽默作家契訶夫提醒我們：「不要單槍匹馬和千萬人抗衡，不要和風車作戰，不要用腦袋去撞牆。」

凡事都是一體兩面，全賴你用什麼眼光去看待它。運氣不好的人滿街都是，但是如果你能從壞運氣裡得到教訓、啓示，及時修正自己的想法與做法，這又未嘗不是一種好運？

自從聽說有人在薩文河畔散步時無意中發現了黃金，並且一夜致富之後，從此這裡就聚集了來自四面八方的淘金客，大家都想當個幸運兒。

這些人有著共同的目標，卻不一定有著相同的運氣，有的人因此發了小財，也有許多人一無所獲，不過大家仍然興致勃勃，總是希望自己也有那麼一點好運。

瑞德就是「衰運俱樂部」的其中一員，爲了一圓淘金夢，他傾家蕩產，把所有的積蓄都押在這塊土地上。但是，埋頭苦幹了幾個月之後，別說金子了，就連一點玻璃也沒有，這塊地除了泥土，就是石礫，看著自己花了大把鈔票買來的這一大片泥土，瑞德簡直欲哭無淚。

苦撐了半年之後，瑞德已經身無分文了，再這麼下去也不是辦法。他決定要離開這兒，到別的地方另謀出路，他相信，上帝關了一扇門，一定會爲他再開另一扇窗的。

像是跟他揮手告別似的，在瑞德離開的前一天晚上，天空突然下起了一場罕見的傾盆大雨。

這場大雨持續了一整夜，到了黎明時分，雨終於停了，瑞德走出屋外，發現眼前的土地看起來好像有一點不同：泥土的坑洞已被大雨沖刷成平地，青綠的小草害羞地從泥土中探出頭來，輾轉相連成綠茸茸的一片。

他不禁讚嘆著大自然眞是一個神奇的魔術師，一夜之間就在不毛之地創造了這麼迷人的風景。

「這裡沒有金子，」瑞德若有所思地自言自語：「但是，這裡有肥沃的泥土。我可以用它來種植花草，然後把這些花草拿來賣錢，有朝一日，我一定會發財的……」

於是，瑞德利用這片土地從事園藝工作，他種植的花草長得又快又茂盛，既鮮豔又美麗，引來附近居民爭先恐後地搶購。不到幾年的時間，瑞德眞的實現了他的願望，成爲一個大富翁。

後來，他驕傲地說：「我是唯一一個在薩文河畔找到眞金的人！」

改變態度，壞事也可以變好事

俄國幽默作家契訶夫提醒我們：「不要單槍匹馬和千萬人抗衡，不要和風車作戰，不要用腦袋去撞牆。」

遭遇失敗，最重要的是是讓自己頭腦冷靜下來，檢討失敗的原因，而不是未經思索就盲目地再接再厲。

不要相信「從哪裡跌倒，就從哪裡爬起來」，這種念頭太固執、太意氣用事了，你明知道爬起來的結果就是再次摔倒，爲什麼還要往那裡走？

不管在哪裡跌倒了，你都可以選擇從別的地方爬起來，既然已經知道此路不通，爲何還要跟自己過不去，硬要用自己的腦袋去撞牆呢？還是趕緊找尋其他的生路吧！

記得，天無絕人之路，條條大路通羅馬，只要你懂得變通，成功一定就在不遠處。

享受巴掌帶來的好處

不要埋怨生命裡曾經承受的每一巴掌，因為蛻變固然痛苦，但是蛻變之後的你，才能變得更加耀眼奪目！

挫折、失敗是邁向成功之路不可或缺的教訓，懂得思考的人會從中得到許多啓示，讓自己的人生從此蛻變。

貝多芬二十七歲的時候，創作的音樂已經贏得了整個維也納貴族以及普羅大眾的喜愛，他的音樂才華受到世人的矚目，不啻是一顆正要開始大放異彩的明日之星。

就在這個時候，他的耳朵卻開始出現了一些毛病，醫生證實他罹患了當時無法治癒的神經性耳聾。這猶如晴天霹靂，一個音樂家沒有了聽力，就像一隻折翼的小鳥一樣，對貝多芬來說，在音樂世界裡飛行就是他生命的全部，音樂是他唯一的天空。

聽不見聲音，他該怎麼辦才好？

貝多芬想盡辦法醫治他的耳朵，任何藥物、偏方都嘗試過了，可是卻一點效果也沒有。

眼看著病情日益惡化，他卻完全束手無策，焦慮使他暴躁易怒，絕望令他憤世嫉俗，他變得喜怒無常，乖戾的性格讓人不敢領教。

有一天，他坐在餐桌前用餐時，因爲不滿意女管家做的湯，一氣之下，毫不留情地把整碗湯潑到了她的臉上，令她飽受無妄之災。

有時遇到不如意的事，他也會把墨水瓶摔在心愛的鋼琴上，甚至曾經把水倒在木頭的地板上，讓水從縫隙間滲透到樓下，樓下的住戶就這麼莫名其妙淋了一場毛毛雨。

而當他心血來潮時，卻又可以表現得溫和親切，不但自己煮飯泡茶，還親自動手收拾家裡零亂不堪的殘局。

沈寂了一段時間之後，貝多芬發現承受苦難的是自己，創造快樂的也只有自己，他在日記中寫道：「你啊，可憐的貝多芬！世界不會再給你任何幸福了，除非你從自己的內部創造出快樂。既然現實世界已經不可能，你只有在自己的理想世界裡，才能發現你的快樂。」

爲了尋找快樂，貝多芬投入了全部的熱情在音樂創作上，一些膾炙人口的名作，舉凡《熱情奏鳴曲》、《合唱交響曲》、《命運交響曲》……等等，都是他這個時期的作品。

因爲他聽不見聲音，所以才更渴望創造聲音，貝多芬在他的理想世界裡，終於找到了屬於自己的快樂。

改變態度，壞事也可以變好事

哈瑞．艾默生．福斯狄克在《洞視一切》一書中說：「斯堪的那維亞半島人有一句俗話，我們都可以拿來鼓勵自己：北風造成維京人。」

命運有時是很詭譎的，它總會先打你一巴掌，再讓你從痛楚中驚醒，享受這一巴掌所帶來的好處。

音樂家在無聲的世界裡激發了創作的靈感，科學家在一次次失敗的實驗中發明了新工具，作家歷經困厄、折磨，鍛鍊出生花妙筆。

所有成功的契機一開始時，都會以苦難的形式出現。因此，不要埋怨生命裡曾經承受的每一巴掌，因爲蛻變固然痛苦的，但是蛻變之後的你，才能變得更加耀眼奪目！

沒有重不重要，只有值不值得

人生的種種煩惱，無非都是「值不值得」的問題，在你下決定之前，請先想想，你的選擇值得嗎？

作家塔伊希．薩利赫曾經說：「生活屬於你，要走什麼樣的道路，全由你自行抉擇。」

不管你做了什麼抉擇，最重要的守則是：要做自己生活的主宰，而不要淪爲慾望的奴隸。

阿泰是個大煙蟲，除了睡覺的時間以外，幾乎煙不離手。對他來說，吞雲吐霧是他的生活中不可或缺的一部分。

有一次，阿泰去北京出差，那天正好降下大雪，天氣又濕又冷，阿泰找了一家旅館落腳，洗了個舒服的熱水澡之後，很快地就進入了夢鄉。

半夜三點鐘，屋外吵雜的貓叫聲使他從睡夢中驚醒，醒來的第一個反射動作，便是伸手想要拿放在床頭的煙。沒想到煙盒裡頭空空如也，香煙不知道在什麼時候就已經抽完了。

阿泰下了床，開始搜尋大衣的口袋，口袋裡除了衛生紙什麼也沒有；他又去行李箱那裡碰運氣，結果還是一無所獲。

半夜三點，旅館的餐廳、商店都已經關門了，要到哪裡找香煙去？阿泰想了想，記得幾條街外好像有一家便利商店，那裡應該有賣香菸吧？

於是，阿泰懊惱地脫下睡衣，換上外出的大衣、戴上禦寒的手套、耳罩。當他準備好走出房門時，突然停住腳步，疑惑地問自己：「我爲什麼要這麼做？」

他站在門口，看著窗外持續飄落的雪花，想到自己竟然要在這個天寒地凍的時候，冒著大雪出去，而且只是爲了要得到一支香煙，這樣是正確的嗎？

從這一刻開始，阿泰決定戒煙，他走回房間把那個空煙盒揉成一團扔進垃圾桶裡，他要證明，沒有香煙他一樣可以過得很自在。回到了床上，阿泰帶著一種征服自己的快感入睡，從此以後，他就再也沒有拿起過一根煙了。

改變態度，壞事也可以變好事

這個故事不是要勸人戒煙，而是要告訴你，如果對一件事上了癮，就必須承擔上癮的後果，否則，最好不要開始嘗試。

如果你是阿泰，在那個下著大雪的寒冷夜晚，你會選擇出去買煙還是留在房間？是抽煙重要還是溫暖重要？

其實，任何一種選擇都沒有對或錯，只是看你願不願意付出選擇之後應付的代價而已。

想要認真的生活，就必須認清對自己真正重要的東西，人生的種種煩惱，無非都是「值不值得」的問題，在你下決定之前，請先想想，你的選擇值得嗎？

蹉跎光陰，大快人心

你並不是沒有浪費光陰的權利，只要你能浪費得有效率、有品質，那麼你想要適度偷懶，又有什麼關係？

你的一天是從什麼時候開始的呢？是從打卡鐘響的那一刻開始？還是日上三竿才開始？更或者別人的夜晚才是你一天的開始？

接下的故事，要告訴你一個成功的人，他是怎麼樣安排自己的一天的。

每當午夜十二點，法國文豪巴爾札克便穿著睡袍和拖鞋，走到書房裡，開始了一天的寫作生活。

深夜時分，四周寂靜無聲，整個城市都已沈入夢鄉，唯獨他的思緒分外清醒。巴爾札克手中的鵝毛筆順暢地在紙上跳舞，沒有一分鐘的停頓，轉眼間，已完成了十幾張稿紙。

連續工作了五、六個小時之後，他伸伸懶腰，揉了揉酸澀的眼睛，到廚房裡煮一杯熱咖啡，到陽台上散散步，呼吸清晨新鮮的空氣。

到了早晨八點，巴爾札克吃過早餐，接著便泡個舒服的熱水澡，一邊閉目養神，一邊思索著接下來要寫的內容；浸泡在浴池中的一小時裡，他已經有了充分的構想。

上午九點，巴爾札克開始修正他已經完成的初稿。

這時候，他的靈感像脫韁的野馬，稿紙上畫滿了縱橫交錯的紅線，有時大刀闊斧地刪掉一大段，有時又妙筆生花地添上幾句，整張稿紙猶如一件藝術品，佈滿了大作家嘔心瀝血的痕跡。

到了中午時分，他會停下工作吃午飯，所謂的午飯。有時候只是簡單的一個雞蛋、兩片吐司，或者是一小塊肉餅而已，因爲他要滿足的是他的胃，不是他的口慾。

下午的時間，他會持續寫作一直到傍晚，直到結束了一天的工作之後，他才允許自己稍微放鬆，舒舒服服地吃一頓像樣的晚餐。

晚上八點，巴黎的夜生活才正輝煌，滿街都是尋歡作樂的人群，並且不時傳來嘻嘻哈哈的笑鬧聲，而巴爾札克爲了四個小時後的工作，早已安穩地躺在床上養精蓄銳了。

數十年如一日，他能夠持之以恆，你可以辦得到嗎？

改變態度，壞事也可以變好事

每個人的一天都只有二十四小時，有的人過得像二十四分鐘，有的人卻可以把它變成兩百二十四小時，其中的差別在哪裡？

就在於看待自己生命和工作的態度。

誰不喜歡偷懶？誰不嚮往安逸和閒散的步調？對很多人來說，蹉跎光陰其實是一件大快人心的事。但是，如果你不能把握每一分鐘，那麼之後就必須要「壓縮」每一分鐘，把一件需要十分鐘完成的事情在八分鐘做好，剩下的兩分鐘才能拿來爲所欲爲。

你並不是沒有浪費光陰的權利，只要你能浪費得有效率、有品質，那麼你想要適度偷懶，又有什麼關係？

肯定，是最有效的激勵

肯定，就是最有效的激勵，說得再多，不如讓他自己肯定自己，只要願意，每個人都可以發揮出無窮的潛力。

一句鼓勵、一聲肯定，就能助長一個人的氣勢，增強他的信心；那麼，我們又何必吝嗇我們的口水呢？

你的一句話，也許就能改變一個人的一生。

美國成功學大師拿破崙．希爾處世圓融，有著過人的智慧，一般人都很難想像，童年的時候，他卻被家人認爲是撒旦派來的小惡魔。

不管家裡發生任何大大小小的事，不用蒐證，大家都會異口同聲地說：「一定是小希爾幹的！」

而且，八九不離十，最後往往都能找到證據，證明大家的懷疑其來有自，絕對沒有冤枉好人！

希爾的母親很早就去世了，突然的打擊總會使孩子格外早熟，希望用奇特的行徑來引起大人的注意。因此，希爾對製造麻煩這件事樂在其中，甚至以當個「小惡魔」爲樂。

直到有一天，父親宣佈他即將再婚，不久便帶著這位將要成爲繼母的陌生人走進家裡。

他們走遍每一個房間，向每一個人親切地問好，當他們來到希爾面前時，父親說：「這就是希爾，是所有的孩子當中最壞的一個。」

這個陌生人把雙手放在希爾的兩肩上，眼睛裡閃爍著慈愛的光芒。她仔細地端詳他的臉孔，就像是媽媽一樣。

這時，拿破崙．希爾心裡浮起了一股熟悉的溫暖，他知道自己將會多一個親愛的家人。接著，希爾聽到一個溫柔地聲音說：「這是最壞的孩子嗎？當然不是，這是所有孩子中最聰明的一個，我們所要做的，就是幫助他把自己的聰明特質發揮出來。」

希爾的繼母就是這麼樂觀、這麼寬容，永遠只看事情的光明面。

往後的日子裡，無論希爾有什麼想法，她都不斷地支持他、鼓勵他，時常和他一起擬定大膽的計劃，然後在他遭遇困難時拉他一把，不斷告訴他：「你一定會成功的。」

拿破崙．希爾的繼母的確沒有看錯，他後來果然是所有孩子之中，最有成就的一個！

改變態度，壞事也可以變好事

美國著名的心理學家威廉．詹姆斯曾說，一般人只發揮了本身百分之十的潛在能力。他強調說：「每個人只醒了一半，對身心兩方面的能力，只使用了很小的一部分。」

人具有各種各樣能力，只要懂得發掘，就會創造意想不到的奇蹟。發掘潛能有兩種捷徑，一是勇敢面對困境，一是透過語言的鼓舞力量。

古有明言：「人言可畏」，但是人言有時候也是很可愛的，不然運動比賽爲何總是需要有啦啦隊在一旁打氣？

與其給別人安慰，或是給他人建議，不如先給對方信心吧！

肯定，就是最有效的激勵，說得再多，不如讓他自己肯定自己，只要願意，每個人都可以發揮出無窮的潛力。

什麼人配什麼眼神

你認為你是什麼樣的人，別人就會用什麼樣的眼光看待你，
如果你想得到別人的尊重，那麼就請先從改變自己做起吧！

培根在《人生論》裡寫道：「應該把美的形貌與美的德性結合起來，美才能放射出奪目的光輝。」

想要改變自己的內在，有時必須從改變自己的外表開始，才能使外貌與內在逐漸美化。

十四歲的小安剛剛領了壓歲錢，想要趁著過年的時候，替自己買一件新衣服。

不過，由於預算有限，只好到二手衣店裡尋寶。

運氣就是這麼神奇的東西，在一堆破舊的衣服當中，小安一眼就看到了那件外套。雖然是舊的款式，但是卻像新的一樣完好如初，而且正好是小安夢寐以求的西裝外套，雙牌扣加上筆挺的布料，就像爸爸的西裝一樣。

這樣一件全新的外套可能要好幾千塊，但是眼前這一件卻只要五百元，正好是小安負擔得起的價錢。

小安把外套穿在身上，整整齊齊地扣上了鈕扣，在鏡子前仔細地左右端詳，無論肩寬、袖長都一寸不差，自己眞是最適合這件外套的人選了！小安二話不說，立刻買下了這件外套。

回到家裡，母親不斷地稱讚小安長大了，不但會自己買衣服，穿上這件外套以後簡直比爸爸還帥呢！就連去親戚朋友家拜年的時候，大家的目光也集中在這件外套上，大家都說小安現在是大人了，還開玩笑的說要幫他介紹女朋友呢。

往後的幾個星期，小安像變了個人似的，變得懂事、有禮貌，不但能和爸爸一起討論社會議題，也能平靜地聽取不同的意見，還時常把「請、謝謝、對不起」

掛在嘴上。

空間的時候，他會替媽媽分擔家務，甚至大方地把自己的MP3借給弟弟，這都是從前懶散、暴躁又斤斤計較的「小安少爺」所做不到的事情。

母親笑著說：「過了個年，小安眞是成熟了不少呢！」

小安搔著頭，不好意思地說：「還不都是因爲那件外套！穿上了它，我就要像個大人，怎麼能跟以前一樣任性呢？」

改變態度，壞事也可以變好事

美國激勵作家羅曼·文森特曾經說過：「自信，從某種角度而言，其實可以解讀成一種經過自我包裝的信心。」

如果你對自己欠缺信心，不妨像故事中的主角，藉著適度改變自己的外表，讓自己一步步自然改變。

一般人總是從外表來判別一個人，我們的心境、言行也經常受到外在衣著的影響，如果要改變你的生活，不妨先試著從外在下手。

有時候，衣服表達的不只是美醜，更代表了一個人的身分、地位，透露著一個人的性格與內在世界。

你看起來像個王子，別人也會把你當成王子看待，你看起來像個乞丐，就不要怪別人不給你好臉色看。

你認爲你是什麼樣的人，別人就會用什麼樣的眼光看待你，如果你想得到別人的尊重，那麼就請先從改變自己做起吧！

你是金錢的主人，還是僕人？

上天是很公平的，也許只有那些真的放得開、夠豁達、能夠視金錢為身外之物的人，才能夠享受到真正的快樂吧！

英國作家卡萊爾曾說：「財寶如火，你認為它是有用的僕人，而轉瞬之間，它就搖身變為可怕的主人。」

這段話告訴我們，正確地對待金錢，金錢就會是滿足你各項需求的僕人；錯誤地對待金錢，你就會淪爲被金錢吞噬掉靈魂的奴隸。

有一個富有的商人，事業經營得頗具規模，只要一睜開眼睛，就有做不完的事情，算不完的數字，過著既繁忙又煩惱的生活。

富商隔壁住著一戶窮苦人家，夫妻倆以替人洗衣服爲生，雖然說家徒四壁，工作既辛苦又粗重，可是他們卻每天有說有笑，生活過得好不愜意。

有一天，富商的太太聽見了從隔壁傳來的笑聲，那個聲音像銀鈴似的又清脆又響亮，只有幸福快樂的人才能發出這麼悅耳的笑聲。

富商的太太非常嫉妒，酸溜溜地對丈夫說：「唉！我們家雖然嵌金舖玉，但根本比不上隔壁替人洗衣服的那對窮夫妻，他們雖然窮，可是比我們快樂多了！我們眞沒用，連笑也笑輸人家！」

富商聽了太太的抱怨，冷笑著說：「哼！那又怎麼樣？我保證他們從明天開始就笑不出來！」

說著，他隨手就把一箱鈔票從牆頭扔到了隔壁去。

隔天早上，隔壁的窮夫婦發現了那箱來歷不明的鈔票，高興得不得了，兩人緊摟著箱子，直說發財了，再也不用辛苦地替人洗衣服了。

可是，這些錢要拿來做什麼呢？是要做點小生意，還是用來買一間大房子？

他們左思右想，不曉得該如何運用這筆天外飛來的財富。

他們的生活變得小心翼翼，生怕別人知道他們發了財，會引來左鄰右舍的懷疑或是樑上君子的覬覦。

就這樣，這對夫妻終日茶飯不思、坐臥不寧，甚至連睡覺也要抱著那一箱鈔票，從此以後，鄰居們便再也沒聽過他們的笑聲了。

富商得意地對太太說：「妳看，他們不笑了吧！想當初，我們不也是這樣開始的嗎？」

改變態度，壞事也可以變好事

有人說，金錢是「具象的幸福」。正因爲如此，大多數人的胸中都藏有追求金錢的慾望，想要藉此提高自己的身分地位，改善自己目前的境遇。

追求財富這股潛在慾望不斷地驅動，使得大多數人爲了金錢絞盡了腦汁，也爲了金錢傷透了腦筋。

金錢是罪惡的開端，萬惡由錢開始；這是富人的煩惱。

錢不是萬能，沒有錢卻是萬萬不能；這是窮人的煩惱。

對窮人來說，沒錢才是萬惡的開始，只要有錢，還有什麼問題是不能解決的呢？但是，對富人來說，金錢卻是沈重的壓力，也是捨不得擺脫的負擔。

有錢的時候，我們提心吊膽；沒錢的時候，我們一籌莫展。

無論有錢沒錢，煩惱都會隨之而來。從這個角度來說，上天是很公平的，也許只有那些眞的放得開、夠豁達、能夠視金錢爲身外之物的人，才能夠享受到眞正的快樂吧！

不努力，就會淪為生活的奴隸

懶惰的人如果不試著去改變自己的性格，一味延續舊日習慣，那麼，終究只會成為生活的奴隸。

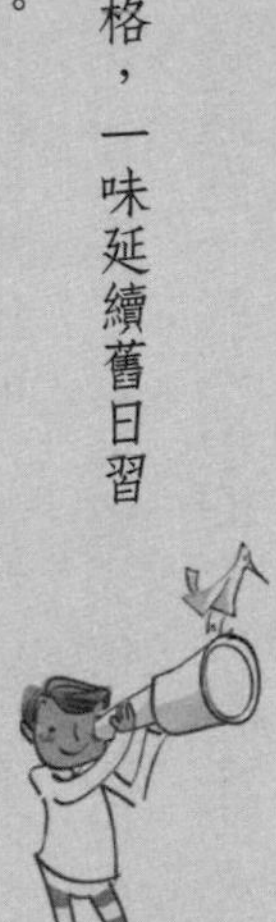

不經過自身的努力，人就達不到自己想要的目的，任何外來的助力都無法取代你的努力。

世界比你想像中的還要大，只要肯努力，你就能找到成功的契機。

有兩個來自鄉下的年輕人一起到城市找工作，其中一個想去台北，另外一個想去高雄，這兩個都是台灣最繁華的城市，他們心想，不管到哪一個地方，應該都會有不錯的發展。

可是，當這兩個人在車站裡等車時，卻同時改變了主意。因爲他們聽到了鄰座的中年人在跟朋友聊天，中年人說，台北人十分精明，在台北不管做什麼都要花錢；而高雄人比較熱情，見到沒飯吃的人，不僅會施捨他，甚至還會把他請到家裡來作客。

原本要去高雄的人一聽，覺得台北眞是個先進的城市，處處都是商機，有許多肯花錢的人；而那個要去台北的人聽了中年人的話，對高雄產生了一股嚮往之情，高雄有這麼多善心人士，在那兒簡直可以不愁吃喝。

於是，他們兩個交換了車票，想去高雄的那個人換成了去台北的車票，而想去台北的人則改變主意前往高雄。

不久之後，去高雄的人發現，高雄果然跟傳說中的一樣好。他來到高雄已經一個月了，雖然工作沒著落，但是卻一點兒也沒餓著，只要整天待在超級市場裡，就有免費試吃的東西可以塡飽肚子，還不時遇到一些熱情的人，會主動招待他這個外地人吃吃喝喝，高雄眞是個美好的都市。

而去台北的人也對自己的生活很滿意，台北果真處處都是賺錢的機會，只要動動腦筋，再花點力氣就可以賺錢了。

他發現一些高級住宅區的居民，連倒個垃圾都要請專人服務，每天只要準時收垃圾，再把它送到垃圾場去，就可以賺到一筆足以溫飽的工資。於是，他從清潔工開始做起，不只倒垃圾，更提供清潔大樓的全方位服務。

不久之後，他存了一筆資金，並且成立了一家清潔公司，自己退居幕後，如今他的公司已有一百五十多個員工，台北市的辦公大樓幾乎由他的公司一手包辦。

十多年以後，這個來台北打拼的人因為拓展業務而到了高雄。在高雄火車站，他不經意看到一個撿破爛的人，一見面，兩個人都不禁楞住了，他們依稀記得，自己在許多年前曾經跟對方交換火車票，想不到也因此交換了兩人的命運。

改變態度，壞事也可以變好事

當你看完這個故事，或許會有一些感觸，思索著如果當初沒有交換火車票，他們的結局會有什麼不同？

其實，根本不會有什麼不同，因爲決定命運的不是他們置身的環境，而是他們的性格。

好逸惡勞的人無論到了哪裡，可能還是一樣懶惰；而勤奮的人就算遭遇到再大的困境，也一樣能夠找到出路。

懶惰的人如果不試著去改變自己的性格，一味延續舊日習慣，那麼，終究只會成爲生活的奴隸。

PART 10

充滿信心，就能保持平常心

只有抱持著平常心，無論對手是強是弱，
是超乎水準還是一反常態，你都能充滿信心，
表現出自己最好的狀態。

說話藝術是人際潤滑劑

口才代表一個人的自信心，也代表了一個人的思想、智慧，表現出一個人的人格特質，也是人際關係的潤滑劑。

聖經有云：「一句話說得合宜，就如金蘋果在銀網子裡。」

絕妙的說話藝術爲人鑄造了一顆金蘋果，但是金蘋果會不會落在銀網子裡，還得看聽話的人是什麼材質。

說話的最大技巧，便在於先培養「銀網子」的聽話藝術。說話不只是說好話，還得說別人聽得進去的好話！

一位才思敏捷的牧師進行了一場非常精彩的佈道，他說：「人類是上帝所創造最完美的作品，在座的每個人都是從天而降的天使，你我都是上帝眷顧的寶貝。因此，活在這個世上，大家要肯定自我的價值，善用上帝給予的獨特恩賜，去發揮自己最大的力量。」

聽眾當中有人不服牧師的說法，他站起身來，指著自己不滿意的塌鼻子，質問牧師說：「如果眞像你所說的，人是從天而降的完美天使，請問我的鼻子爲什麼麼會這麼塌呢？」

另一位嫌自己腿短的女孩也起身表示相同的意見，她認爲自己的短腿應該不是上帝完美的創造，又何來天使之說呢？

台下議論紛紛，只見牧師神態自若地回答：「上帝的創造是完美的，而你們兩人也絕對是從天而降的天使，只不過……」

隨即，他指了指那名塌鼻子的聽眾，說道：「你在降落到地上時，讓鼻子先著地罷了！」

接著，牧師又指一指那位嫌自己腿太短的女孩：「至於妳，雖然是用腳著地，可是卻在從天而降的過程中，忘了打開降落傘。」

改變態度，壞事也可以變好事

口才代表一個人的自信心，也代表了一個人的思想、智慧，表現出一個人的人格特質，也是人際關係的潤滑劑，藉由三言兩語，你可以實現自我，也可以解決問題的工具。

再精深再博大的學問，都不如說話的藝術來得有用！

口才好，揚眉吐氣，你的人生是彩色的；口才不好，人微言輕，忍氣吞聲，人生只是黑白。

說話是種藝術，我們總覺得自己做得還不夠好、不夠精練、不夠傳神，但正因爲它是一門藝術，它永遠都有可以改進之處。

心，就是快樂的根

真正的快樂，是一種心靈層次的追求。當你可以可以自由自在，可以隨遇而安，你還能有什麼不快樂的理由呢？

林肯曾說：「大部分的人只要下定決心，都能很快樂。」

這句話說明了快樂是來自內心，而不是存於外在。一切從心開始，要先有一顆快樂的心，你才會看到雨後的彩虹。

在一座山麓的盡頭，水清草美、風景宜人。聽說這座山上出產一種「快樂藤」，只要是經過自己努力得到這種藤的人，一定會喜形於色，茅塞頓開，不知道煩惱爲何物。

為了得到數不盡的快樂，一位年輕少年不惜跋千山涉萬水，前去找尋這種傳說中的快樂藤。

他歷經千辛萬苦，好不容易爬過蜿蜒的陡坡，來到山麓的盡頭。在險峻的山崖上，他終於尋獲了快樂藤。

可是，他雖然手裡握著這種藤，心裡卻沒有感到預期的快樂，取而代之的，是一種空虛和失落。

這天晚上，年輕人在山裡一位老人的家中借宿，月光皎潔，夜色明媚，年輕人卻對著良辰美景發出了一聲長長的嘆息。老人看見了年輕人鬱鬱寡歡的模樣，問道：「究竟是什麼事讓你這樣嘆息呢？」

年輕人說出了自己心中的疑問：「爲什麼我已經得到了傳說中的快樂藤，卻沒有得到相對的快樂呢？」

老人回答道：「其實，快樂藤不只有長在這裡，只要你有快樂的根，快樂藤到處都能生長，不管走到天涯海角，你都一樣能得到快樂。」

老人的話使這個年輕人覺得耳目一新。

「快樂的根？」他從來沒聽說過這種東西！於是，年輕人又問：「我要到哪裡才能找到快樂的根呢？」

「心，就是快樂的根。」老人回答。

改變態度，壞事也可以變好事

同樣面對不景氣，爲什麼有人過得很快樂，有人卻過得很痛苦？

那是因爲，過得快樂的人知道大環境並不是個人可以左右的，但是小環境卻可以經由本身調適而改變，因此抱著快樂自在的心情面對自己的處境。

至於不快樂的人則是不知轉換角度看待眼前惱人的事。

每個人都渴望得到快樂，我們盡了最大的努力去追求，後來才發現，我們追求的原來不是「快樂」，而是「享樂」。

快樂和享樂不一樣。追求享樂只是追求短暫的刺激歡娛，片刻之後，還有片刻，那是永無休止的。一旦失去了刺激，或者滿足不了慾望，便會感到痛苦，最終還是得不到快樂。

眞正的快樂，是一種心靈層次的追求。

當你可以自給自足，可以自由自在，可以隨遇而安，可以問心無愧，還能有什麼不快樂的理由呢？

透過享樂的確可以得到某些短暫的快樂，然而，可以打從心底發出對前景充滿信心的微笑，那才是最大的快樂。

充滿信心，就能保持平常心

只有抱持著平常心，無論對手是強是弱，是超平水準還是一反常態，你都能充滿信心，表現出自己最好的狀態。

《孫子兵法》中有云：「勝者之所以致勝，原因就在他會攻擊，敗者之所以失敗，是因為他一直在防守。」

若是只會隨著敵人的節奏起舞，那麼你已經輸了一大半！

小玲和小琪都是國內首屈一指的溜冰好手，兩個人的花式溜冰各懷獨門絕技。

當她們以輕盈的姿態舞入溜冰場時，不論是靈活的跳躍，或是優雅的旋轉，都會引起觀衆席上一陣喝彩。

這幾年的比賽下來，兩個人不是冠軍，就是亞軍，你爭我奪十分激烈。爲了打敗對方，她們都下了功夫，希望自己可以在技巧、熟練度，甚至內容編排方面更上一層樓，誰也不願意輸給誰。

今年度的比賽更是重要，不但獎金額度大幅上漲，冠軍還可以代表國家去參加世界花式溜冰錦標賽。因此，兩人花了一整年的時間，卯足了全力在溜冰場日夜苦練，越是接近比賽的時間，越是不敢掉以輕心，深怕一個不小心，就被對手遠遠拋在後面。

比賽前兩個禮拜，小玲和小琪在比賽場地不期而遇。小玲看見小琪的膝蓋上居然裹著厚厚一層白色的繃帶，當她試滑的時候，臉部因痛苦而扭曲著，姿態動作也不若以往的靈活。

小玲看到這副景象，壓力頓時減輕了一大半。看樣子，小琪的傷勢應該不輕，眞可惜！唯一的對手出了狀況，冠軍獎座鐵定是落入自己懷中了！

然而，到了比賽當天，滿臉笑容的小玲看到小琪時，原先的自信立刻一掃而空。小琪膝蓋上的繃帶不見了，臉上容光煥發，絲毫沒有一點受傷的樣子；她在溜冰場上不但表現得可圈可點，而且技巧和熟練度都比以前增強了許多。

反倒是小玲，認爲對手受傷了，自己非常有把握能拿冠軍，過去兩個禮拜以來，並不曾勤奮練習，現在又出乎意料地看到小琪的絕佳狀況，一下子信心跌落谷底，連手腳都不聽使喚，在場上頻頻出錯。在這種狀況下，冠軍寶座自然拱手讓給了小琪。

至於小琪究竟有沒有受傷呢？瞧她接過獎座時一臉志滿意得的表情，誰也看不出來她是兩個禮拜前膝蓋還裹著繃帶的人！

改變態度，壞事也可以變好事

在瞬息萬變的競爭中，每個人都無可避免地必須面對比過去更劇烈的環境變遷，以及競爭對手的無情挑戰。正因爲如此，有的人爲了勝過別人，會千方百計耍弄心機，故意露出破綻或是僞裝自己。

如果你的對手讓你看見他的弱點，請千萬小心，那很可能只是試圖讓你鬆懈的僞裝而已。

有誰會在敵人面前暴露自己的缺點，以長他人志氣、滅自己威風呢？對方之所以要讓你看見他的缺陷，爲的就是要你卸除戒心，不全力以赴。

所謂「驕兵必敗，輕敵失機」，比賽不只是你和對手的舞台，更是你和你自己的競賽，只有抱持著平常心，無論對手是強是弱，是超乎水準還是一反常態，你都能充滿信心，表現出自己最好的狀態，這才是眞正的「大將之風」。

講明白，就不會留下灰色地帶

處於灰色地帶，人們都有貪小便宜的心態，「說清楚、講明白」，永遠是杜絕灰色地帶最好的方法。

下雨天看到路邊一把破傘，你可能會順手牽羊帶走，但是，店裡一把標價五塊錢的雨傘，你還會若無其事地帶走嗎？

遏止人們貪小便宜的方法，就是要讓他們知道，他所貪的便宜並不小。

有一家旅館的經理，對於旅館內的一些物品，經常被前來住宿的客人順手牽羊感到十分頭痛，可是卻又一直拿不出有效的對策來。

於是，經理囑咐員工在客人到櫃檯結帳時，迅速派人去房內查看是否有什麼東西遺漏，客人必須在櫃檯等待，等到房務部人員查清楚了之後才能結帳。如此一來，不但結帳的速度太慢，而且客人覺得這家旅館以小人之心度君子之腹，下次再也不願意住這家旅館了！

經理覺得這樣下去不是辦法，於是召集了各部門主管，一同思索有沒有什麼更好的方法，能夠制止旅客們順手牽羊。

幾個主管圍坐在會議室裡腦力激盪了一番，其中一個年輕的主管突然說：「既然旅客喜歡，我們為什麼不讓他們帶走呢？」

在場所有人聽了，都瞪大了眼睛。若是客人喜歡什麼就帶走什麼，旅館豈不損失慘重！這是哪一門子的餿主意？

只見年輕的主管不慌不忙的接著說：「既然顧客喜歡，我們就在每件東西都標上價錢，讓客人依照自己的需求來購買。說不定這麼一來，還可以增加旅館的營收呢！」

是啊！會來旅館住宿的客人豈有買不起的道理？有些旅客喜歡順手牽羊，並

不是蓄意偷竊，而是因爲很喜歡房內的物品，加上旅館又沒明確規定哪些不能拿，所以才會故意裝迷糊拿走一些小東西。

若是把每樣東西都加上了標價，讓客人知道只需付一點小錢就可以把它帶走，一方面既可以減少客人順手牽羊的頻率，另一方面又可以爲旅館增加額外的收益，這不失爲一條兩全其美之計！

於是，在這家旅館之內忽然多出了好多漂亮的東西。像是牆上的畫、桌上擺設的手工藝品、織法細膩的桌布，甚至柔軟的枕頭、床罩、椅子等用品，上頭都附了一個小小的標示牌，寫明清楚價格。

如此一來，這家旅館的生意愈來愈好了！因爲在這裡只要花少少的錢，就可以買到五星級的商品，簡直比百貨公司大拍賣還划算！旅館的生意一天比一天好，旅客們若是想住這家旅館，還得提前半年預約呢！

華人往往有一種心態，凡是沒有標價的東西，就擺明了是「歡迎拿走」。但是，歐美人就不同了，他們的傳統觀念認爲，越是沒有標價的東西，表示價格越高，不會輕舉妄動。

因此，華人到了外國飯店，總是會發生一些順手牽羊的情況。

人們都有貪小便宜的心態，不是買不起，只是不拿白不拿。店家若是不肯吃這個虧，就應該要清楚明白地標明「不能拿」，如此一來，店家不用整天提心吊膽，客人也不必被當成竊賊看待。

「說清楚，講明白」，永遠是杜絕灰色地帶最好的方法。

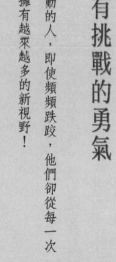

有遠見更要有挑戰的勇氣

懂得立即付諸行動的人，即使頻頻跌跤，他們卻從每一次跌跤的角度中，擁有越來越多的新視野！

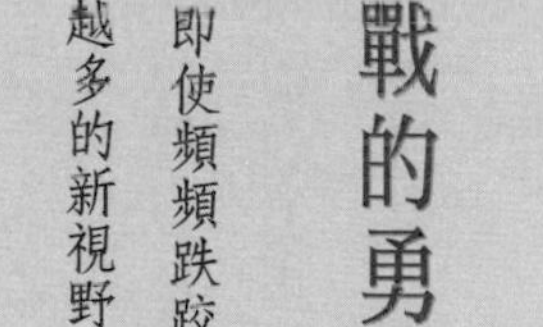

只有遠見是不夠的，若是缺乏行動的勇氣，無論你規劃出多麼好的美麗願景，還是徒留一場空。

如果美麗的夢想沒有勇氣加以落實，一味擺在腦海中空轉，那麼，它終將成爲重複的惡夢！

庫克旅遊公司約有五百個辦事處分佈在世界各地，因爲他們每年都會有近一千萬名旅客請他們代辦旅遊事務。

之所以會有如此龐大的客源，全賴庫克本人將總公司由倫敦遷到美國的勇氣與遠見；其後的繼承人也發揮了這項冒險勇氣，讓庫克旅遊的行程都充滿了創意與趣味。

像是著名的百慕達蜜月行程，或是到巴峇島觀光等行程，都是他們精心尋找與規劃出來的創意行程。

庫克公司一旦有了新規劃，對於這些新組成的特殊旅行團，都打出了這樣一個口號——我們不只是帶你們去賞玩山水，更要讓你們從世界不同的角落中，探索更新的事物！

每當老庫克回想起過去奮鬥的經歷，都會給新進員工一些忠告：「你們要做旅行業的先鋒！」

是什麼樣的過去，讓他有這份信心與勇氣？

原來，當年他決定將總公司遷到美國時，他的親友們個個都提出反對意見，連一向支持他的妻子都說：「你是土生土長的英國人，而且想發展旅遊事業，倫敦的條件比任何地方都好啊！」

「不，這是一個新興的行業，需要充滿朝氣的環境來生長，我認爲到新興的美國發展，會比待在保守的英國來得更具發展性。」庫克堅決地說。

庫克太太只得無奈地說：「但是，你有必要將總公司遷到美國去嗎？在那裡你可以設立一個分公司就好，不是嗎？」

庫克搖了搖頭，說道：「那意義完全不同，我們在倫敦已經有了基礎，在這裡每個人都知道庫克公司的名聲，但是，在美國卻要從頭開始。在美國，我們展望的是全世界，必須投入全部的人力與財力啊！不然，怎麼競爭得過當地的旅行業呢？」

妻子聽完庫克的分析後，點了點頭說：「好吧！我會支持你的。」

改變態度，壞事也可以變好事

拿破崙曾經說過：「所謂逆境，只不過是那些沒有勇氣改變現狀的人，製造出來的護身符而已。」

的確，懦夫把困難當做沈重的包袱，而勇者卻把困難當做衝出逆境的力量，只要你擁有改變現狀的決心和勇氣，逆境其實只是你進入順境的一個入口。

因爲能果決明確地下決定，讓老庫克在最精華的人生階段光芒四射，也因爲抱持著強烈的成功企圖，讓老庫克及繼承人都充滿了積極突破的決心。

從故事中，我們發現，「要做就要做最好的」正是老庫克的人生座右銘，也是他傳承給庫克員工們的精神指標。

從充滿遠見與勇氣的庫克身上，你是否也感受到了一份無法言喻的活力和實踐夢想的動力呢？

人生其實就這麼長，一再地猶豫，最終只會讓自己失去越來越多。反之，懂得立即付諸行動的人，即使頻頻跌跤，他們卻從每一次跌跤的角度中，擁有越來越多的新視野！

沒有自信的人才會吹牛

牛皮是沒有極限的，不管誰吹得有多麼厲害，總是還會有人超過他，而且只要輕輕一戳，便不攻自破。

爭氣，爭氣，人活在世上要爭的往往只是一口氣。

爭氣的方式有兩種。對自己充滿信心的人，知道自己擁有什麼能力，因此懂得靠實力爲自己爭氣。

至於對自己缺乏信心的人，由於缺乏競爭力，往往只會用吹牛的方式爲自己爭一口氣。殊不知，你爭的這口氣卻很可能會令你充了面子、丟了裡子，贏了一時，輸了一世。

有兩個大近視眼很不自量力，經常一碰面就互相比較眼力，而且總是自吹自擂，誰也不服誰。

有一天，聽說廟裡要掛上一塊新的牌匾，兩個人約定時間一起去觀賞那塊新的匾額，順便比一比眼力。

掛匾的前一天，兩個人一前一後偷偷地去廟裡探聽了一番，不約而同暗暗記住了牌匾上的字。

隔天一大早，兩人依照約定的時間來到廟裡。其中一個人先往掛匾的地方望了一望，然後得意洋洋地說：「這上頭寫的『光明正大』四個字，一筆一畫蒼勁有力，連收尾的地方都注意到了，功夫還真不錯！」

另外一個不甘示弱，立刻接上來說：「那四個大字誰看不見哪！這有什麼稀奇！你能認出寫在角落的那些小字嗎？告訴你，那上邊寫的是『某年某月某日』、『某某人書』！」

正在一旁打掃的清潔工聽了他倆的唇槍舌劍，不禁哈哈大笑。

他告訴他們二人：「仔細抬頭看看吧！那塊匾額根本還沒掛上呢！哪來什麼大字小字的？」

改變態度，壞事也可以變好事

越欠缺自信的人，越會試圖藉由吹牛欺騙自己和別人。

遺憾的是，這種可憐人充斥在我們的生活周遭，卻不知道別人內心正用鄙夷的眼光看待自己，反倒洋洋得意。

在一個吹牛比賽中，一號參賽者睜眼說瞎話：「我非常富有，名下有二十家電視台，三十家航空公司，五十家郵輪公司，七十家石油公司，八十家建設公司，還有五十七艘遊艇，以及其他國際生意，比亞洲第一富豪還要有錢。」

一號參賽者語出驚人，竟然說出這麼誇大不實的話語，想必其他參賽者是很難打敗他了！

沒想到，接下來上台的二號參賽者，只說了一句話，就贏了這場比賽。他說：

「我是一號參賽者的老闆！」

牛皮是沒有極限的，不管誰吹得多麼厲害，總是還會有人超過他，而且只要輕輕一戳，便不攻自破。

吹牛的最高的境界，是吹到最後連自己都相信這些牛皮，但是，吹牛的致命危機就是除了吹牛者自己相信之外，旁人沒有一個相信。

識人不清會讓自己陷入險境

小人不會無中生有，大多數人犯小人，都是自己招惹來的。反省自己，比埋怨小人更能讓你在往後的日子裡遠離小人。

西班牙作家葛拉席安在《智慧書》中曾說：「要把今天的朋友，當成明天的敵人來提防。」

因爲，敵人只會攻擊你，但是無法出賣你；會出賣你的，往往是那些自稱爲「朋友」的人。

小張進入了一家新公司，雖然他在這一行已經稍微具備了一點經驗，但是初來乍到，對於新公司的體制、作業程序仍然一知半解，不知從何下手，周圍的同事每個人都忙得不得了，沒有一個人會主動來協助他。

就在小張不知該如何是好的時候，有位行政人員非常熱心地替他解決問題，而且知無不答、言無不盡，兩人因此成了好朋友。

只是，日子一久，小張發現這位職員的牢騷愈來愈多。工作一忙碌，難免有些不愉快，小張默默地傾聽對方的牢騷，絲毫不以爲意。

後來，小張在工作上也受了一點委屈，想當然爾，他便找這個好朋友訴苦，反正對方也時常批評公司，自己偶爾說些主管的壞話應該也沒有什麼關係。豈知第二天，人事主管把他找了過去，詢問他對公司究竟有什麼不滿。小張嚇了一跳，沒想到他的話居然傳到了主管的耳朵裡；男子漢大丈夫敢做敢當，小張拍拍屁股離開了這家公司。

臨走前，一位資深員工指著那個行政人員，偷偷的對小張說：「你難道不知道他是老闆的親戚嗎？」

改變態度，壞事也可以變好事

沒人會承認自己是小人，可是世界上確實有小人。有人分明是小人，可是不認爲自己是小人；有人明明是君子，卻被誣陷爲小人。

古有名訓：「與君子交，其淡如水，因淡而久；與小人交，其甜如蜜，但因蜜而不長久。」

小人不會無中生有，大多數人犯小人，都是自己招惹來的。別人對你一笑，你就掏心掏肺，別人扶你一把，你就鞠躬盡瘁。遇人不淑、識人不清，這是誰的錯？

反省自己，比埋怨小人更能讓你在往後的日子裡遠離小人。

喜歡拍馬屁，小心被馬踢

逢迎拍馬在現今社會已是人之常情，但是在拍馬屁之前請先站穩腳步，否則馬後腿一踢，你就會被踢到九霄雲外去！

現代人開會要發表言論，見面要自我介紹，吃了虧要據理力爭，溝通是爲了加薪……二十一世紀，連狗嘴也得吐出象牙來，要是你沒有口才，那麼肯定不能成材！

有一位名作家趁著旅行之便，想順道拜訪一家城裡的書店，於是出發之前，先打了個電話給這家書店的老闆，希望能夠在拜訪書店之時和他見見面。

書店老闆聽到大作家要光臨了，便吩咐店員把店裡的架子上，全都擺滿這個大作家的書，希望能讓他留下一個好印象。

約定的時間來臨，大作家準時來到這家書店，一走進門，只見書架上擺滿了他的各種作品。

他看了不禁嚇了一跳，大惑不解地問書店老闆：「怎麼沒看見其他作家寫的書呢？」

「因爲……其他作家寫的書……」老闆一時情急，竟脫口而出：「其他作家寫的書早賣光了！」

名作家聽了，臉色大變，這時書店老闆想要改口已經來不及啦！

改變態度，壞事也可以變好事

逢迎拍馬在現今社會已是人之常情，但是在拍馬屁之前請先站穩腳步，否則馬後腿一踢，你就會被踢到九霄雲外去！

凡是說自己討厭拍馬屁的人，都只是一種掩飾，叱吒一時的拿破崙便是最好的例子。

拿破崙經常公開表示非常討厭別人拍他的馬屁，一次，隨從對他說：「將軍，您是最討厭別人對您拍馬屁的吧！」

拿破崙聽了，笑著說：「是的，一點也沒錯！」

然而，這不就是那位隨從的一記「馬屁」嗎？再怎麼清高的人也敵不過一記馬屁的威力，但若你的那一拍沒有把握確確實實拍在馬屁上，勸你還是看穩了，再出手！

You can do the best

就算不被看好，也要做到最好

凌越──編著

別人可以瞧不起你 你不能瞧不起自己

愛爾蘭作家克里斯蒂・布朗曾說：「如果你因為別人批評、輕視，就自暴自棄，那麼你將永遠站在失敗的一邊。」

就算不被看好，也要期許自己做到最好，遭遇失敗、折的時候，千萬不要將別人一時的評價，當成自己的靈魔咒，而要藉此鼓勵自己迎向前去，激發自己的潛。別人可以瞧不起你，你卻不能瞧不起自己，越被瞧起，就要越要努力，如此才能讓自己揚眉吐氣。

生活良品

35

改變態度，壞事也可以變好事

作　　者　文蔚然
社　　長　陳維都
藝術總監　黃聖文
編輯總監　王　凌
出 版 者　普天出版家族有限公司
新北市汐止區忠二街 6 巷 15 號
TEL / (02) 26435033 (代表號)
FAX / (02) 26486465
E-mail：asia.books@msa.hinet.net
http://www.popu.com.tw/
郵政劃撥 19091443 陳維都帳戶
總 經 銷　旭昇圖書有限公司
新北市中和區中山路二段 352 號 2F
TEL / (02) 22451480 (代表號)
FAX / (02) 22451479
E-mail：s1686688@ms31.hinet.net
法律顧問　西華律師事務所・黃憲男律師
電腦排版　巨新電腦排版有限公司
印製裝訂　久裕印刷事業有限公司
出 版 日　2021 (民 110) 年 9 月第 1 版
I S B N◉978-986-389-788-0　　條碼 9789863897880

國家圖書館出版品預行編目資料

改變態度，壞事也可以變好事／
文蔚然著.一第 1 版.一：新北市,普天出版
民 110.9 面； 公分. - (生活良品；35)
I S B N◉978-986-389-788-0 (平裝)